생존의 달인
아웃도어 핸드북

오토 캠핑에서 무인도 생존까지

김종도 지음

들어가며

오랜 준비 기간을 거쳐 지난해 무더운 여름, 3박 4일간 동해, 서해를 넘나들고 산과 들을 누비며 이 책에 들어갈 사진과 영상을 촬영했습니다. 비록 짧은 시간이었지만 실제 아웃도어에서 제가 경험하고 실행했었던 기술들을 최대한 담아내기 위해 실전과 같이 최소한의 식량만 먹고, 배고픔 속에 불편하게 자면서 손으로 직접 카메라를 들고 기술들을 담았습니다. 저처럼 일상이라는 진짜 생존의 현장에서 시간을 내어 쉼터이자 편안함을 주는 자연을 찾는 많은 분들이 책을 보고 따라 하실 모습을 생각하며 순간순간 최선을 다해 채워나갔습니다.

이 책은 오토 캠핑을 통해 아웃도어를 처음 접하는 분들부터 부시크래프트 혹은 생존 기술에 관심이 있는 분들 모두에게 도움이 될 아웃도어에 필요한 기술들을 폭넓게 다루고 있습니다. 하지만 여전히 욕심만큼 많은 내용을 담지 못한 것이 아쉽습니다.

이 책은 단순히 책상에 앉아 상상하거나, 해외 유명 도서들을 보고 쓴 책이 아닙니다. 제가 실제 아웃도어 활동과 생존 상황에서 사용하고 검증한 기술들을 제 손으로 직접 재현한 과정이 담겨 있습니다. 따라서 여러분도 책에 소개된 기술들을 머리가 아닌 몸으로 익힌다면 분명히 좀 더 풍성하고 안전한 아웃도어 활동을 누리게 될 것입니다. 사람의 기억력은 늘 한계가 있습니다. 저도 자주 사용하지 않는 아웃도어 기술들은 가물가물합니다. 많은 기술을 아는 것보다 실제 상황에서 할 수 있는 기술들을 익히는 것이 중요합니다.

이 책은 『아웃도어 핸드북』입니다. 아웃도어를 즐기기 위해 꼭 알았으면 좋겠다고 생각하는 기술들을 최대한 축약하여 담았습니다. 그리고 가방이나 자켓의 주머니에 쉽게 들어갈 수 있는 크기와 무게로 만들었습니다. 또한, 언제 어디서나 따라 할 수 있게, 잘 펼쳐지고 튼튼한 실제본으로 만들었습니다. 뿐만 아니라 기술마다 들어간 약 100개의 QR코드를 스마트폰으로 스캔하면 제가 직접 실행한 영상을 보실 수 있습니다.

아직도 더 많은 내용을 더 자세히 담고 싶은 욕심에 쉽게 글을 마무리하지 못하고 있습니다. 부족한 부분은 여러분들이 채워주시길 부탁합니다. 외국의 얘기가 아닌 한국형 생존 스킬을 개발하고 정리하고자 노력하였으며, 이 책은 그 첫걸음이자 다음 세대를 위한 길을 열어주는 것으로 만족하고자 합니다. 이를 바탕으로 여러분의 경험과 지식을 더하여 다음 세대에는 더 풍성하고 더 진보된 실전 기술로 거듭나도록 함께 만들어 나가길 원합니다.

한 가지 당부드리자면, 아웃도어는 장비가 있어서 하는 게 아니라 자연이 있어서 할 수 있는 것입니다. 아웃도어 장비에 구속되지 말고, 장비를 마음껏 이용하는 사람이 되시길 바랍니다. 그리고 장비가 가벼울수록 자연은 더 가까워진다는 것도 기억하시길 바랍니다.

굳이 멀리 갈 필요도 없습니다. 많은 것이 필요하지도 않습니다. 뒷동산부터 올라갑시다. 가까운 강가에 가서 시원한 바람을 맞아봅시다. 물통 하나와 손수건 하나만 있어도 좋습니다. 휘황찬란한 고기능의 등산화가 없어도 좋습니다. 그냥 늘 신던 운동화에 허름한 운동복 한 벌이면 족합니다. 날씨가 춥다면 오리털 파카를 걸치는 것도 좋습니다. 자연은 우리가 허름한 복장으로 온다고 해서 차별하거나 우습게 대하지 않습니다.

뒷동산에 올라가도 히말라야 등반 수준으로 챙겨도 좋습니다. 네, 자신의 안전을 위해서 필요하다면 그렇게 해야 합니다. 자신의 안전을 위해서 투자하는 것은 누구의 눈치도 볼 필요가 없습니다. 설사 뒷동산을 가더라도 변화무쌍한 자연의 변덕은 순식간에 서바이벌 상황을 만들 수 있습니다. 따라서 예방적인 차원에서 좋은 장비를 보유하고 있다면 그만큼 생존 확률도 커지는 것입니다. 저 또한 아웃도어에서 필요하다면 좋은 장비를 쓰고 싶습니다. 경제적인 여건이 허락하고 그 상황에 꼭 필요한 물건이라면 말이죠.

지금이라도 컴퓨터 화면 속에 있는 남들이 즐기는 자연을 부러워하지 말고, 내가 즐길 수 있는 나만의 소소한 자연으로 첫발을 내딛으시기 바랍니다. 그리고 항상 안전을 생각하고 대비하십시오. 최상을 기대하되 최악을 대비하는 마음으로 자연 속으로 들어가야 합니다.

이 책은 자연에 첫발을 내딛는 여러분이 어떤 종류의 아웃도어 활동을 하든 늘 품속에서 든든한 친구가 되어줄 것입니다.

카우보이박 김종도

목차

1장
생존에 필요한 필수 매듭법
생존의 달인 한마디 — 008

011　01 올가미 매듭

015　02 맞매듭

019　03 보우라인 매듭
022　• 보우라인 매듭 고리 크기 조절
023　• 보우라인 매듭 고리 연결 1
025　• 보우라인 매듭 고리 연결 2

026　04 한 손 보우라인 매듭

032　05 두줄 8자고리 매듭
036　• 두줄 8자고리 매듭 기둥 연결

039　06 알파인 버터플라이 매듭

042　07 당김 매듭

047　08 시베리안 매듭

051　09 투 하프 매듭

055　10 피셔맨 매듭
058　• 더블 피셔맨 매듭

063　11 시트 벤드 매듭
066　• 더블 시트 벤드 매듭

067　12 낚싯바늘 묶는 매듭

072　13 마린 스파이크 매듭

075　14 사다리 매듭

081　15 뗏목 매듭

087　16 자일 휴대하는 매듭

2장
서바이벌 기본 도구 사용법
생존의 달인 한마디 — 094

098　01 나이프
100　• 그립법과 기본 커팅법
103　• 무릎 커팅법
105　• 가슴 커팅법
107　• 바토닝하는 법

109	• 작은 나이프를 이용한 통나무 쪼개는 법
112	• 쵸핑하는 법
114	• 긴 가지 커팅하는 법
116	• 긴 나이프 사용법

117   **02 톱**
118   • 톱질하는 법

120   **03 도끼**
121   • 나무 쪼개는 법
124   • 말뚝 만드는 법

128   **04 기타**
128   • 나무 부러뜨리는 법

3장
130   **필수 서바이벌 기술: 쉘터**
생존의 달인 한마디

133   **01 쉘터 만드는 법**
136   • 도구 없이 쉘터 만드는 법
140   • 린투 쉘터 만드는 법: 타프 혹은 판초우의
146   • 타프텐트 만드는 법
151   • A프레임 쉘터 만드는 법
155   • 그물침대 만드는 법: A프레임 쉘터 응용
159   • 해먹 만드는 법
170   • 달팽이집 만드는 법

4장
174   **필수 서바이벌 기술: 물**
생존의 달인 한마디

177   **01 응급 정수법**
177   • 정수법 1: 천 또는 끈
180   • 정수법 2: 페트병+다양한 재료
186   • 정수법 3: 빨대 혹은 의료용 라텍스 튜브를 이용한 증류
191   • 정수법 4: 비닐을 이용한 증류

193   **02 물 모으는 법**
193   • 식물의 증산작용을 이용하는 법
196   • 봉지로 빗물 모으는 법
200   • 이슬 모으는 법

5장
206   **필수 서바이벌 기술: 불**
생존의 달인 한마디

209   **01 불 피우는 법**
209   • 건전지로 불 피우는 법
216   • 파이어스틸로 불 피우는 법 1: 두 손 사용법
218   • 파이어스틸로 불 피우는 법 2: 한 손 사용법
220   • 부싯돌로 불 피우는 법
223   • 차클로스/차로프 만드는 법 1

228	• 차클로스/차로프 만드는 법 2: 자연석		**6장**
231	• 보우드릴	292	**필수 서바이벌 기술: 수렵**
233	• 보우드릴 준비하기		생존의 달인 한마디
235	• 보우드릴로 불 피우는 법		
246	• 실전에서 불 피우는 법: 부싯깃 페더스틱	295	**01 어류 수렵 도구 만드는 법**
250	• 대나무로 불 피우는 법	295	• 통발 만드는 법
256	• 방수 빛화촉진제 구두약	305	• 낚싯바늘 만드는 법 1: 나무
258	• 불 파울 자리 자리하는 법	312	• 낚싯바늘 만드는 법 2: 접시
		316	• 나뭇가지 피고, 휘는 법
260	**02 불을 관리하는 도구 만드는 법**	318	• 작살 만드는 법 1: 4지창
260	• 나무 스토브 만드는 법 1: 4조각 스토브	324	• 작살 만드는 법 2: 일반 나무 연결촉 작살
265	• 나무 스토브 만드는 법 2: 4기둥 스토브	328	• 작살 만드는 법 3: 대나무 연결촉 작살
267	• 이동식 난로 만드는 법	333	• 그물 만드는 법
269	• 다코타 파이어홀 만드는 법		
271	• 젖은 환경에서 화덕 만드는 법	342	**02 포유류 수렵 도구 만드는 법**
		342	• 덫(트랩) 만드는 법 1: 피겨 4 트랩
279	**03 기타**	346	• 덫(트랩) 만드는 법 2: 피겨 4 라인 트랩
279	• 봉지로 물 끓이는 법		
283	• 높낮이 조절 포트 만드는 법		
287	• 방풍/열반사벽 만드는 법		
289	• 큰 나무 태우는 법		

7장
필수 서바이벌 기술: 하강
생존의 달인 한마디

348

01 하강하는 법
- 351 • 하네스 만드는 법
- 359 • 하네스와 카라비너 연결법
- 361 • 하강하는 법 1: 8자 하강기
- 365 • 하강하는 법 2: 먼터히치 매듭법
- 373 • 하강하는 법 3: 듈퍼식 하강법

8장
필수 서바이벌 기술: 기타
생존의 달인 한마디

376

01 방위 및 시각 확인하는 법
- 379 • 방위 찾는 법 1:. 그림자
- 383 • 방위 찾는 법 2: 시계
- 387 • 방위 찾는 법 3: 철사
- 391 • 일몰 시각 확인하는 법

02 기타
- 396 • 의자 만드는 법
- 399 • 스키 만드는 법
- 404 • 부력도구 만드는 법 1: 페트병
- 409 • 부력도구 만드는 법 2: 비닐봉지
- 411 • 삼각 고정 말뚝 만드는 법

9장
아웃도어 응급처치법
생존의 달인 한마디

414

- 417 • 작은 상처 소독하는 법
- 419 • 천연 소염진통제 버드나무 껍질
- 421 • 식용버섯과 독버섯
- 422 • 벌에 쏘였을 때
- 423 • 해파리에 쏘였을 때
- 425 • 뱀에게 물렸을 때
- 428 • 일사병, 열사병에 걸렸을 때
- 429 • 벼락이 칠 때
- 430 • 발목이 삐었을 때: 삼각건 매듭
- 433 • 응급 들것 및 침대 만드는 법 1: 긴팔 옷
- 435 • 응급 들것 및 침대 만드는 법 2: 판쵸우의
- 439 • 심폐소생술

생존에 필요한 필수 매듭법

01

생존 기술을 배우는 많은 사람들이 불피우기를 가장 중요하게 생각한다. 물론 불을 만드는 것은 매우 중요한 기술이지만, 매듭법부터 배우기를 권하고 싶다. 매듭법을 알면 알수록, 사용하는 생존 기술은 다양하고 견고해진다. 불은 장비로 대체할 수 있지만, 보유한 장비의 부족한 점을 보완하고 효용을 높이는 것은 매듭법이다.

생존에서 매듭법은 건축물의 기초와 같다. 이 책은 실제 아웃도어 및 생존 상황에서 사용한 매듭법 중심으로 구성했다. 소개하고 싶은 유용한 매듭법이 더 있으나, 자칫 편중될까 하여 아쉽지만 다음을 기약하고 마무리했다. 물론 일부는 이후 소개할 생존 기술에 자연스레 녹아있다.

이를 기본으로 더 많은 매듭법을 익히면 생존 상황을 좀 더 수월히 해결할 수 있다고 확신한다. 이 책의 모든 사진은 직접 시연했으며, 경험이 반영되어 다른 책과 방법이나 용어가 다를 수 있다.

생존의 달인
한마디,

**"매듭법은
생존 기술의
시작이자
마무리다"**

올가미 매듭

Noose Knot

01

달인이 가장 많이 사용하는 매듭이다. 말 그대로 옭아매는 매듭으로 트랩을 만들 때 사용하면 좋다. 당기는 힘이 강할수록 더욱 견고해지며, 특히 잡아채는 용도의 올가미를 만들 때 유용하다. 여러 개의 나무를 엮을 때도 올가미 매듭으로 꽉 조여 놓고 시작하면 쉽게 작업할 수 있다.

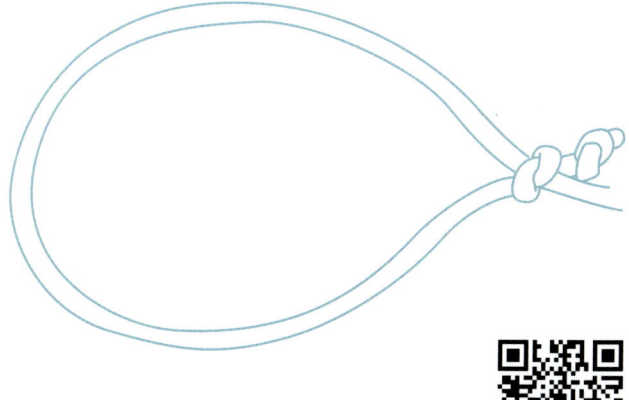

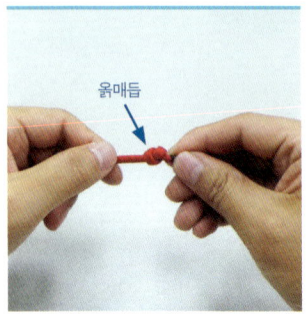

01 매듭을 시작하기 전에 끝을 한 번 묶는다. 이게 옭매듭이다. 매듭이 완성된 후 쉽게 풀리지 않는다.

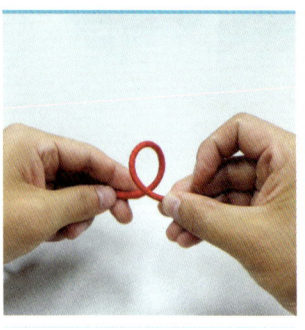

02 보우라인 매듭과 달리 거꾸로 된 숫자 6 모양을 만든다. 짧은 오른쪽 줄이 위로 오게 한다.

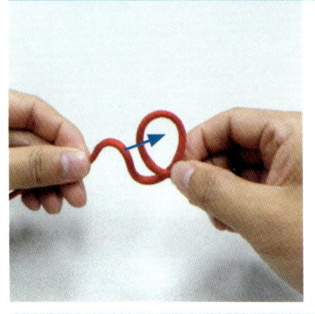
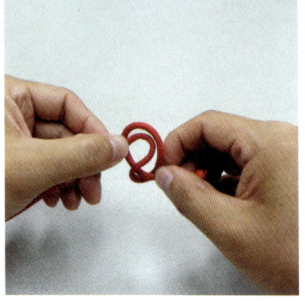

03 왼손으로 잡은 긴 줄을 구기듯이 밀어, 만들어진 원을 통과한다.

1장 생존에 필요한 필수 매듭법

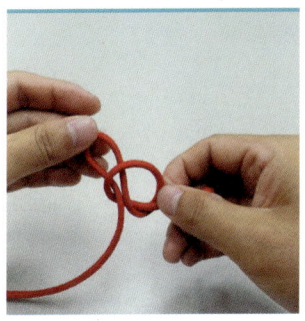

04 통과된 고리를 잡아 빼내며, 고리 크기를 조절한다.

05 크기가 충분하면 끝줄을 잡아당겨 매듭을 마무리한다.

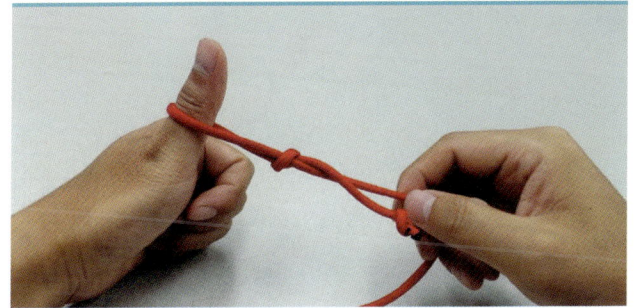

06 대상물에 고리를 걸고 긴 줄을 잡아당겨, 대상물을 강하게 조여주는 원리다. 고리를 포획물이 지나가는 길목에 두고, 남은 긴 줄을 고정하면 덫이 되며, 탄성이 있는 장치에 연결하면 스프링 트랩이 된다.

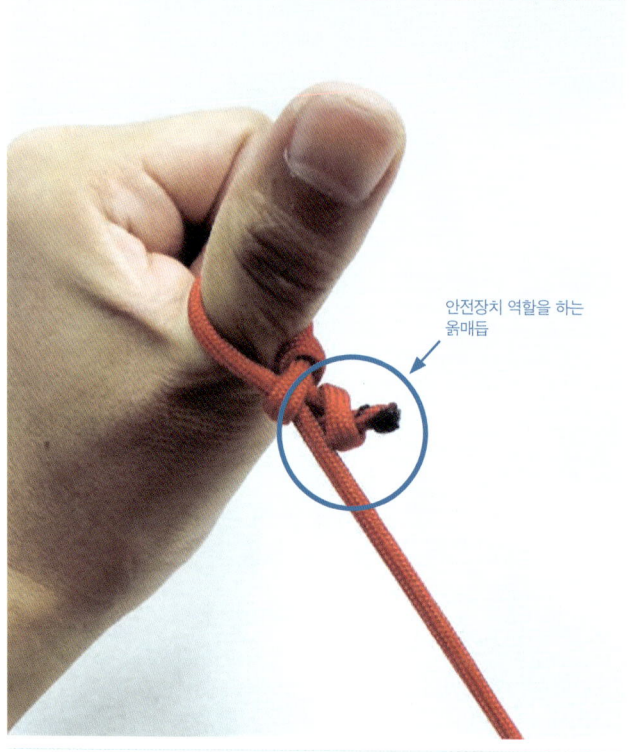

안전장치 역할을 하는 옭매듭

07 처음에 만든 옭매듭은 강하게 조일 때, 풀어지지 않게 하는 안전장치이다.

맞매듭

Square Knot

02

가장 기본적인 매듭이며, 다양한 환경에서 사용한다. 한 줄을 서로 연결하고 마무리 짓는 유용한 매듭이며, 두 줄을 연결할 때도 사용한다. 양쪽에서 당기는 힘이 강할수록 더욱 견고해지며, 요령을 알면 풀기도 쉽다.
태권도나 유도에서 도복을 매는 매듭이다.

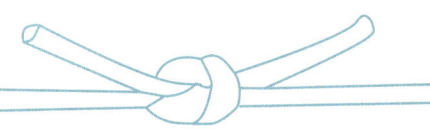

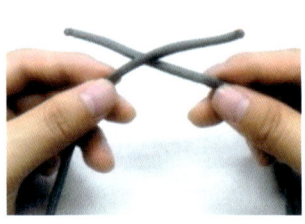

01 어느 쪽이 위에 와도 좋다. 단 위에 놓인 줄이 기준줄이다.

02 기준줄로만 계속 매듭을 짓는다.

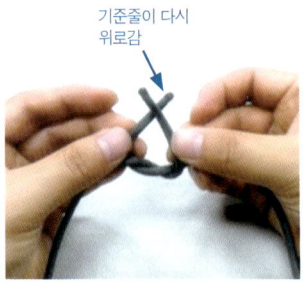

기준줄이 다시 위로감

03 기준줄이 계속 위에 있는 상태로 매듭을 지어야 한다.

04 기준줄이 두 번째에도 위에 있는 상태에서 매듭을 마무리한다.

1장 생존에 필요한 필수 매듭법

05 양쪽 끝을 함께 잡고 당긴다.

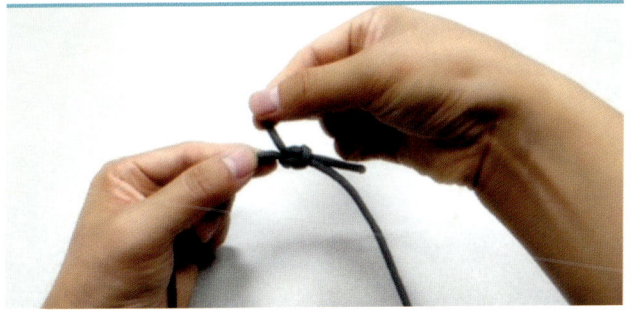

06 풀 때는 한쪽 매듭의 끝을 잡고,

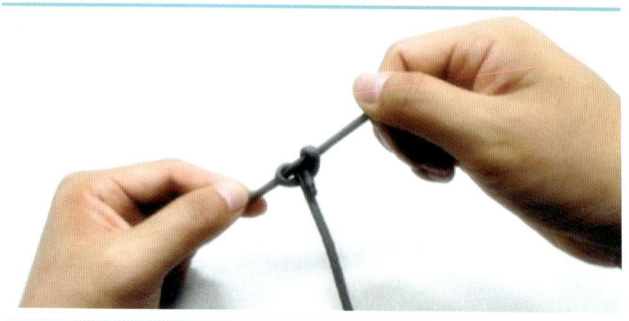

07 반대쪽으로 잡아당긴다.

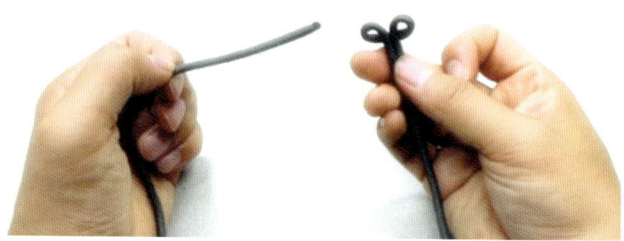

08 아무리 강하게 조여져 있더라도 쉽게 풀린다.

보우라인 매듭

Bowline Knot

03

아웃도어에서 로프나 줄로 고리를 만들 줄 알면 다양하게 활용할 수 있다. 대표적인 방법이 보우라인 매듭이다. 만들어진 고리는 크기가 변하지 않기 때문에 올가미 형태의 매듭으로 사용할 수는 없다.

일반적으로 미리 고리를 만들어 놓을 때 쓰지만, 대상물에 연결하면서도 고리를 만들 수 있어 두 방법 모두 익히면 활용도가 높다.

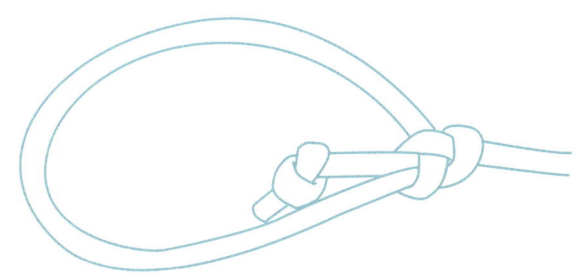

보우라인 매듭

보우라인 매듭 고리 크기 조절

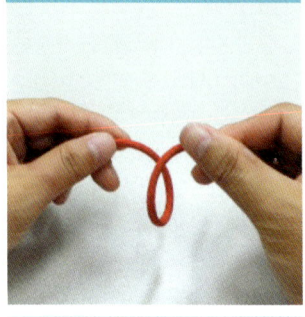

01 짧은 줄을 숫자 6 모양이 되게 꼰다.

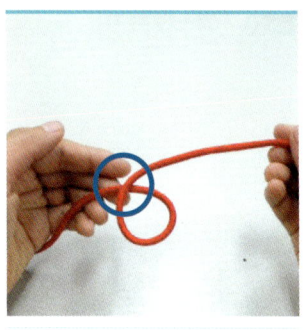

02 짧은(오른손) 줄이 위인 숫자 6 모양이다.

03 원 부분을 누른 상태에서, 매듭의 끝을 숫자 6 모양인 원 아래에서 위로 통과한다.

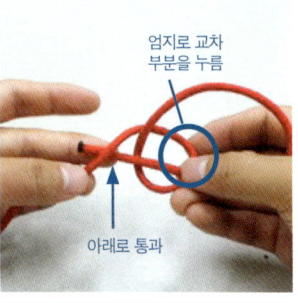

04 원을 통과한 줄이 긴 줄의 아래를 통과하여, 위로 감아올린다.

1장 생존에 필요한 필수 매듭법   21

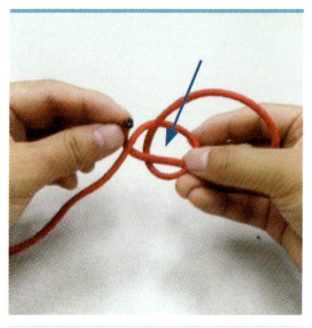

05 나왔던 구멍으로 돌아간다.

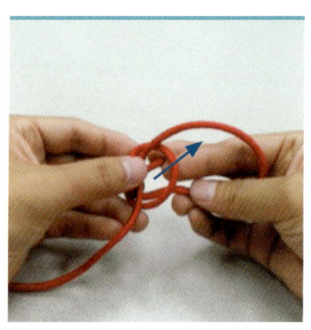

06 첫 번째 통과하며 만들어진 라인과 교차하지 않고, 그 위를 통과해야 한다.

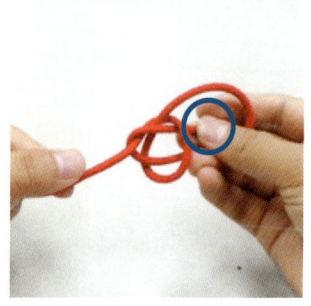

07 오른손 엄지로 통과한 줄을 잡은 상태에서 긴 줄을 당긴다.

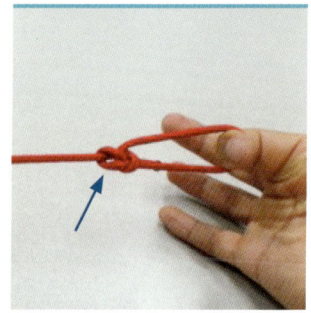

08 올가미 매듭처럼 미리 옭매듭 한 상태에서 진행하면 매듭이 더 안전하다.

보우라인 매듭 고리 크기 조절

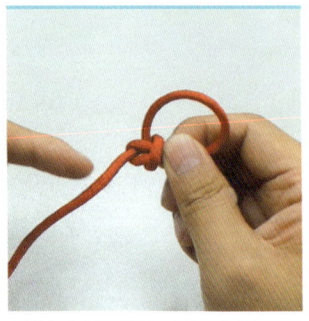

01 엄지로 매듭의 끝과 고리를 함께 잡은 상태에서 긴 줄을 민다.

02 잘 밀리지 않을 때는 매듭을 느슨하게 만든다.

고리 크기조절과 관련된 라인

03 긴 줄을 밀면 매듭이 느슨해지고, 이때 고리를 잡아당겨 늘린다.

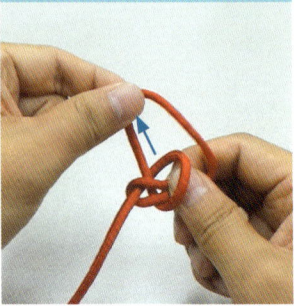

04 본인이 원하는 고리 크기만큼 늘린다. 줄이려면 역순으로 한다.

보우라인 매듭 고리 연결 1

카라비너를 연결하거나, 고리와 고리를 만들어 다른 줄을 연결할 때 매우 유용하게 사용한다. 실제 생존 상황에서는 자신의 허리띠에 견고히 줄과 몸을 연결할 수 있다. 일상과 생존 상황에 무궁무진하게 적용할 수 있다.

보우라인 매듭 고리 연결 1

보우라인 매듭 고리 연결 2

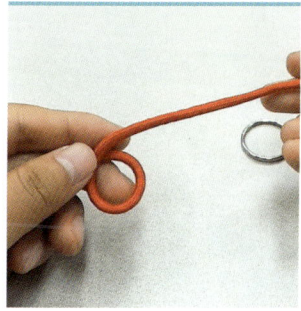
01 끝줄이 위에 위치한 숫자 6 모양을 만든다.

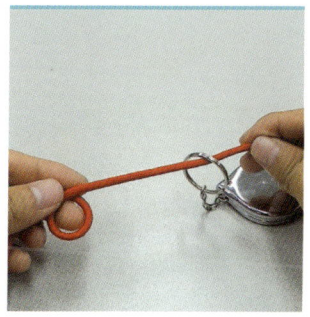
02 끝에 고리를 통과시킨다.

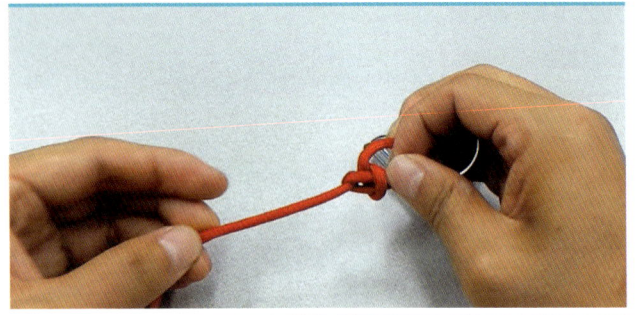

03 나머지는 보우라인 매듭법과 같다.

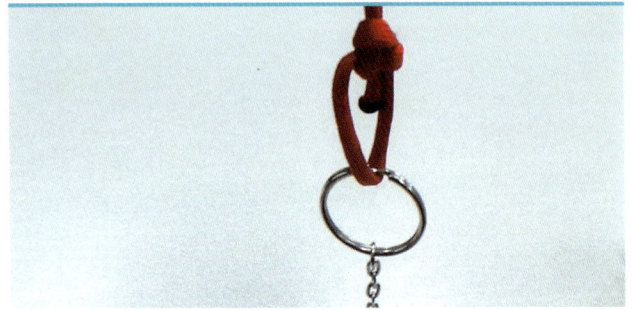

04 고리 혹은 구멍에 연결할 수 있다.

보우라인 매듭 고리 연결 2

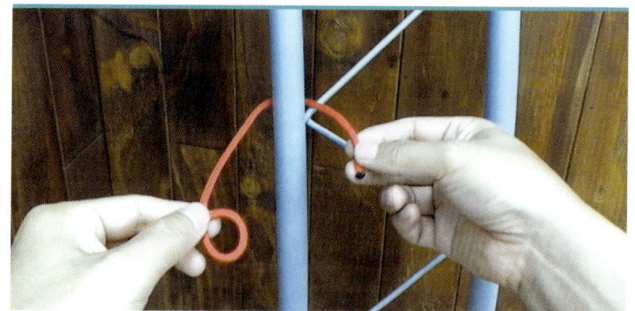

01 통과할 고리가 없는 기둥이나 나무몸통에 직접적인 연결고리를 만들 수도 있다. 숫자 6 모양을 먼저 만들고 기둥을 감는다.

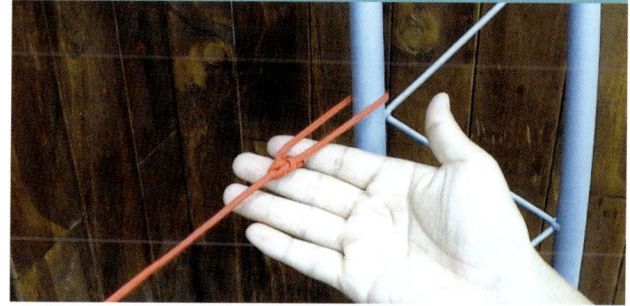

02 나머지 과정은 같다. 풀리는 게 우려된다면 매듭의 끝을 더 길게 빼서 옭매듭을 하면 보다 안전하다.

한 손
보우라인 매듭

One Hand Bowline Knot

04

보우라인 매듭을 응용하여, 한 손만 사용하는 방법이다. 한쪽 팔을 쓸 수 없을 때, 예를 들어 한 손으로 나무에 매달리거나 붙잡고 있어야 할 때 남은 손으로 구조용 줄을 몸에 묶는 방법이다.

지상이나 수상에서 구조 대상인 다른 사람을 줄로 묶을 때, 한 손으로 안고 다른 손으로 묶을 수 있어서 익혀두면 구조용으로 유익하다. 반대편 줄이 매우 팽팽하게 유지되어야 쉽게 묶어진다.

이 방법을 익힌 상태에서 두 손을 사용할 수 있다면, 한 손으로는 줄을 팽팽하게 유지하고, 다른 손으로 매듭을 지을 수 있어 좀 더 빠르고 쉽게 내 몸을 구조용 로프에 묶을 수 있다.

한 손 보우라인 매듭
구분 동작

한 손 보우라인 매듭
연속 동작

1장 생존에 필요한 필수 매듭법

01 사용할 수 있는 한 손(오른손)으로 짧게 줄을 잡고, 목 뒤로 감는다(왼손은 사진과 반대로 한다).

02 떨어지지 않게 줄을 입에 물고, 손의 방향이 바깥을 향하게 바꿔 잡는다.

03 몸을 두를 수 있을 만큼 줄을 당겨 확보한다.

안쪽으로 통과

04 밖에서 안으로 코끼리 코를 만들듯 통과한다.

05 안으로 넣은 손을 고리를 완전히 통과하며 감아올린다.

06 감아올린 줄을 앞으로 뻗는다.

07 손목과 손가락으로 매듭을 짓는다. 잡은 줄이 손안에서 쉽게 움직일 만한 길이가 좋다. 줄을 아래에서 위로 올린다.

08 중지가 올린 끝을 엄지와 검지가 재빨리 잡는다.

09 손목을 두른 줄을 입으로 문다.

10 줄과 손목 사이로 빼내기 위해 입으로 줄을 잡아당겨 공간을 확보한다.

11 확보된 공간으로 재빨리 줄을 빼내며 매듭을 만든다.

1장 생존에 필요한 필수 매듭법

12 매듭의 고리가 겨드랑이 아래에 위치하게 내린다.

13 허리에 걸치거나 겨드랑이에 끼워 흘러내리지 않게 한다.

14 상대에게 완료를 알린다.

두줄 8자 고리 매듭

05

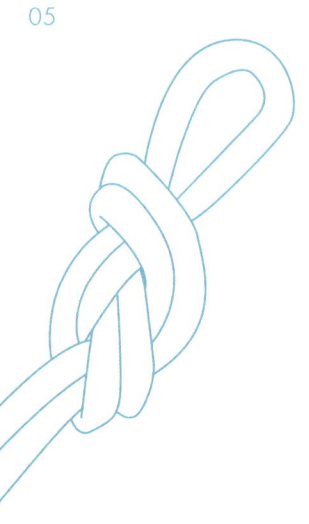

줄 끝에 고리를 만들어 장비를 연결할 때 사용하는 매듭이다. 암벽등반에서 카라비너를 연결할 때 자주 사용한다. 고리가 매우 견고하기 때문에 풀릴 염려가 없다. 보우라인 매듭보다 빨리 고리를 만들 수 있지만, 고리 크기를 조절하거나 풀기가 매우 어렵다. 보우라인 매듭과 달리, 줄 끝 뿐만 아니라 중간에도 고리를 만들 수 있기 때문에 다양하게 활용할 수 있다.

고리를 만들면 연결이 쉽다. 가장 쉬운 예는 휴대폰 분실방지끈 연결이다. 고리를 만들어 확보물을 한 번 감고, 그 사이로 나머지 줄을 통과하면 견고하게 묶인다. 아웃도어에서는 이런 상황이 자주 발생하며, 익혀두면 유용하다. 이때 두줄 8자고리 매듭이 가장 견고하면서 빠른 방법이다.

1장 생존에 필요한 필수 매듭법

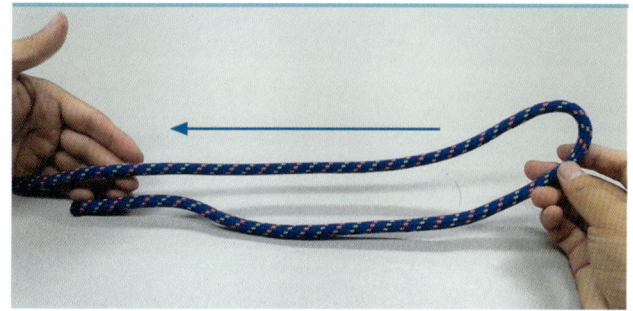

01 한 줄을 화살표 방향으로 꺾어 두 줄처럼 만든다.

02 오른손으로 두 줄을 잡은 상태에서 위로 꺾어, 잡은 줄 앞에 놓는다.

03 아래로 감싸 올리고, 왼쪽 고리를 오른쪽 고리 안으로 통과한다.

04 매듭이 꼬이지 않았는지 확인하며 잡아당긴다. 고리가 너무 크면 좋지 않다. 연결할 대상이 쉽게 통과할 정도가 좋다.

매듭의 자투리를 옭매듭으로 한 번 더 마무리하면 보다 안전하다

05 카라비너와 같은 결속 장비를 연결할 수 있다.

두줄 8자고리 매듭 기둥 연결

달인은 고리를 이용하여 연결할 때 보우라인 매듭보다 두줄 8자고리 매듭을 자주 사용한다. 매듭 부분이 두터워 기둥이나 나무와 마찰이 커서 쉽게 미끄러지지 않기 때문이다.

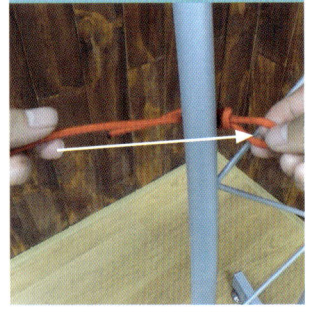

01 두줄 8자고리 매듭을 기둥에 두른다.

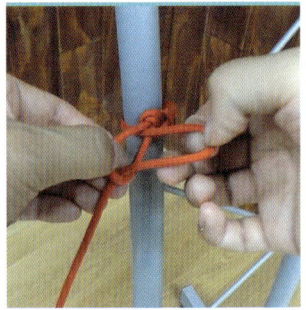

02 반대편 줄을 고리 안으로 통과한다.

03 줄을 당기면 기둥과 연결이 끝난다. 고리를 이용하여 줄을 연결하면 매우 쉽다. 다만, 줄이 위아래로 움직일 수 있다.

04 한 바퀴 더 돌려 감는다.

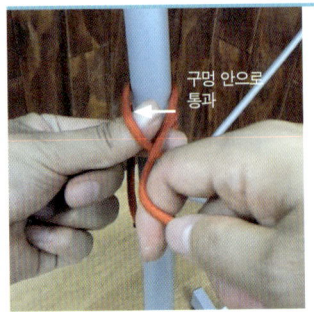 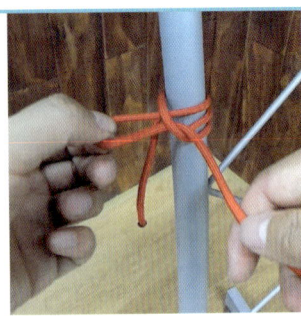

05 만들어진 공간 안으로 줄을 빼낸다.

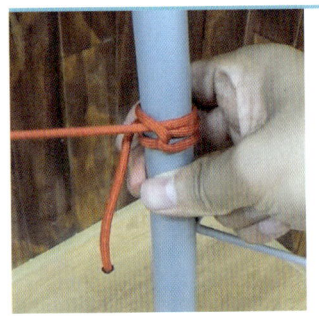 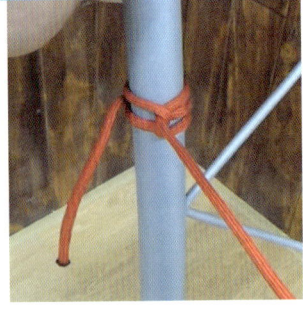

06 이렇게 마무리하면 당기는 힘이 강할수록 매듭을 묶는 힘이 생겨, 줄이 나무나 기둥에서 위아래로 움직이지 않는다.

알파인 버터플라이 매듭

Alpine Butterfly Loop
06

달인은 알파인 매듭이라 부르는데, 줄 가운데 고리를 만들어주는 매듭이다. 밋밋한 줄에 고리를 만들면 여러 연결지점이 생겨 활용이 매우 다양하다. 낚싯줄에 여러 개의 바늘을 연결하는 고리를 만들거나, 타프를 팽팽하게 당길 수 있는 고정고리를 만들 수 있다. 기준 줄에 여러 장비나 줄을 연결할 수 있어 캠핑이나 등반에 활용한다.
원줄의 손상을 최소화한 상태로, 고리 크기를 일정하게 유지할 수 있다.

알파인 버터플라이 매듭:
꼬아서 만드는 법

알파인 버터플라이 매듭:
손바닥 이용하는 법

01 원이 위에 있는 거꾸로 된 숫자 6 모양을 만든다. 오른쪽을 향한 줄이 위에 있어야 한다.

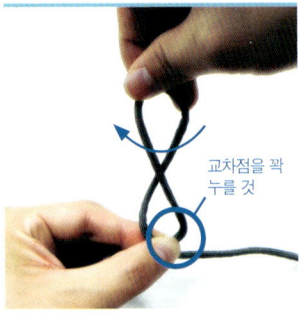

02 왼손으로 교차점을 꽉 누른 상태에서, 오른손으로 만들어진 고리를 시계방향으로 꼬아 숫자 8 모양을 만든다.

03 꼬여진 상태에서 뒤쪽으로 꺾어 내리고, 교차점을 왼손 엄지와 검지로 잡는다.

1장 생존에 필요한 필수 매듭법 41

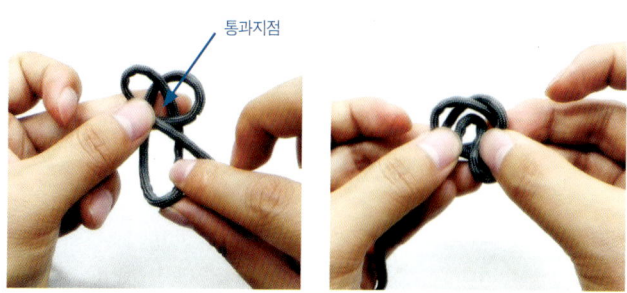

통과지점

04 가장 아래 고리를 가운데 생긴 구멍 안으로 통과한다.

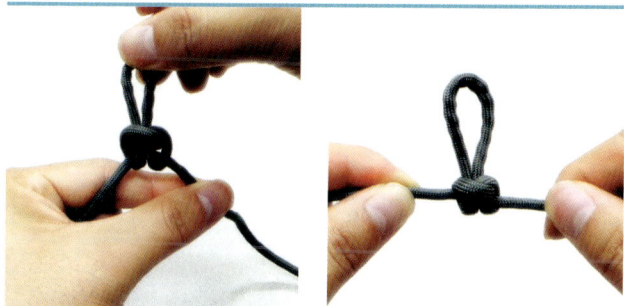

05 양쪽을 잡아당기면 고리가 완성된다. 고리에 장비나 줄을 연결한다.

당김 매듭

Tautline Hitch

07

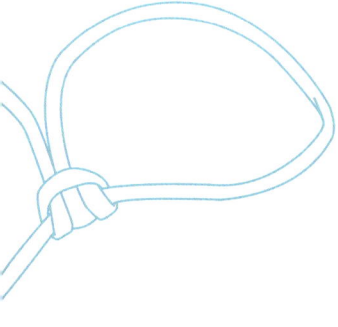

탠트팩에 줄을 연결하고, 텐션(장력)을 조절할 때 사용하면 좋은 매듭이다. 타프의 가이드라인 등을 나무에 연결할 때 사용해도 좋다. 장력을 조절할 필요가 있는 대상에는 약방의 감초 같은 매듭이다.

달인은 타프 줄을 연결할 때 오른손에 줄을 쥐고 기둥을 한 바퀴 돌리는 특징이 있어 '오른쪽에서 왼쪽으로 타프를 매는 방법'이라 부르며, 줄여서 '오타프', 쉽게 '오타쿠'라 칭한다. '왼 시베리아', '오타쿠'와 같이 별칭을 정하면 시작하는 손을 기억하기 좋다.

매듭을 견고히 조여줬을 때, 한 번 조절된 장력에 힘이 가해지면 멈추기 때문에 스토퍼를 대신하여 사용할 수 있다. 장력조절과 함께 강한 스톱기능을 요구할 때는 시베리안 매듭보다 더 좋다.

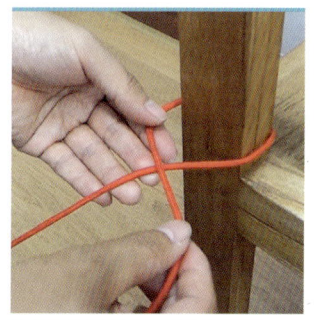

01 짧은 줄을 오른쪽에서 왼쪽으로 돌아 감고, 돌아 나온 줄을 위에 위치한다.

02 아래에서 위로 통과한다.

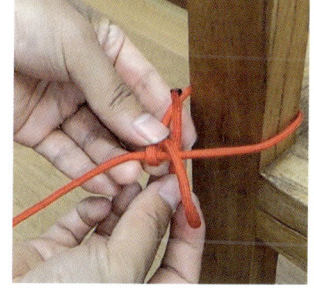

03 한 번 더 감는다.

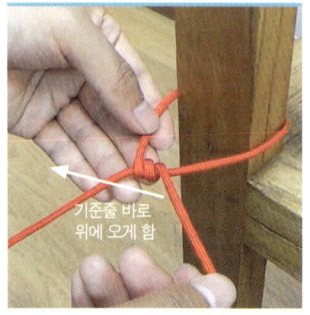
기준줄 바로 위에 오게 함

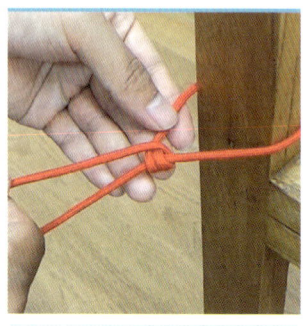
04 두 번 감아나온 줄을 몸쪽으로 당긴다.

05 짧은 줄을 긴 줄 아래로 통과시키며 공간을 만들고,

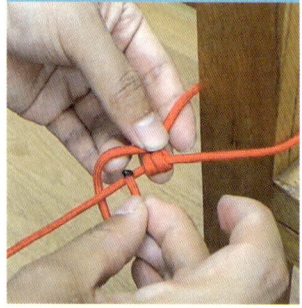
06 다시 짧은 줄을 통과한다.

1장 생존에 필요한 필수 매듭법　　　　　　　　　　　　　　　　　　　　　　　　　　45

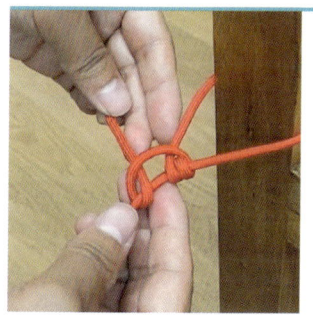

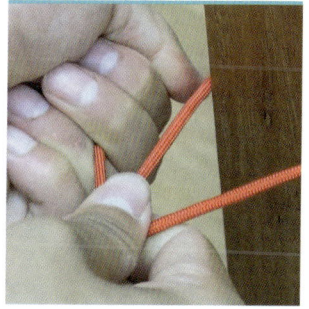

07 자투리 줄과 매듭을 잡고 힘껏 당겨, 매듭을 더 견고하게 만든다.

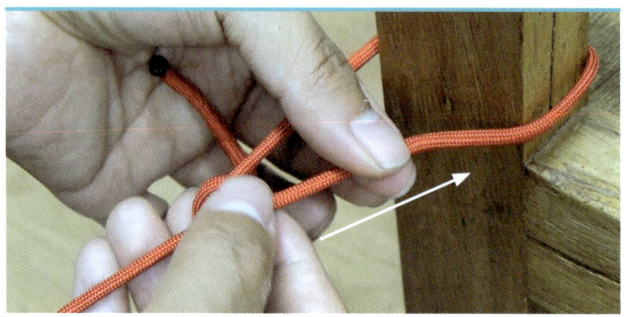

08 장력을 늘릴 때는 오른쪽 줄을 잡고 매듭을 당기며,

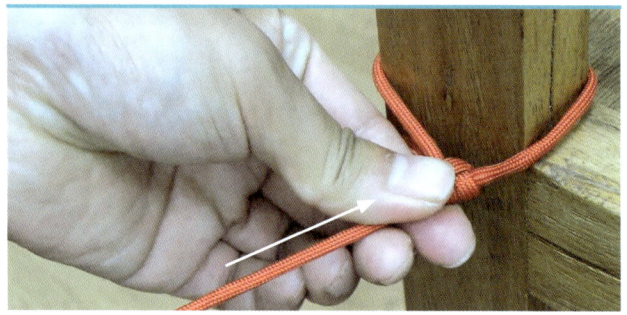

09 줄일 때는 매듭을 잡고 민다. 너무 두꺼운 줄은 장력 조절이 잘 안 된다. 텐트팩에 사용하면 텐트(혹은 타프)와 팩(말뚝)사이의 텐션을 조절할 수 있다. 너무 두꺼운 줄은 장력 조절이 잘 안 된다.

시베리안 매듭

Siberian Hitch
08

기둥에 줄을 연결할 때 쓰는 매듭이다. 왼쪽에서 오른쪽으로 감으며 시작하여 달인은 '왼 시베리아'라고 부른다. 신속하게 매듭짓고, 줄의 장력을 조절할 수 있으며, 쉽게 매듭을 풀 수 있어 좋다. 하지만 당기는 힘이 강할 때는 매듭이 기둥 쪽으로 조여들어 가며 전체적인 줄의 팽팽함이 떨어진다.

장력을 조절하기보다, 한쪽 기둥에 줄을 고정적으로 매어놓기에 좋다. 한쪽 기둥에 시베리안 매듭으로 고정하고 반대쪽에 당김 매듭을 만들어, 당김 매듭으로 줄의 장력을 조절하는 것이 효과적이다.

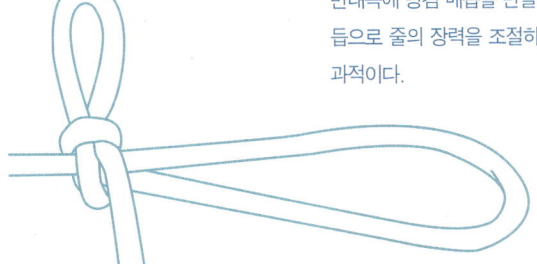

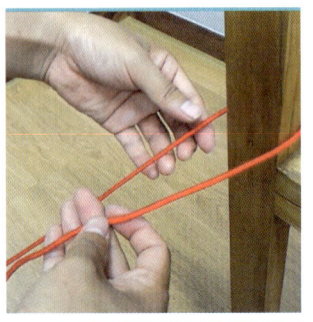

01 당김 매듭과 반대로 짧은 줄을 왼쪽에서 오른쪽으로 돌려 감는다.

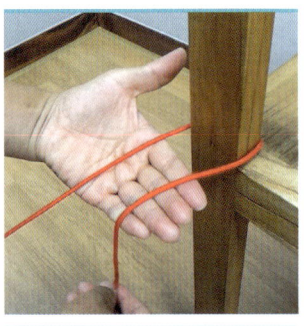

02 넘어온 줄을 손바닥에 가지런히 올린다.

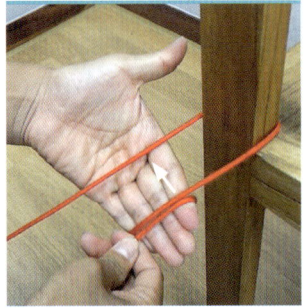

03 위에서 아래로 한 바퀴 감는다.

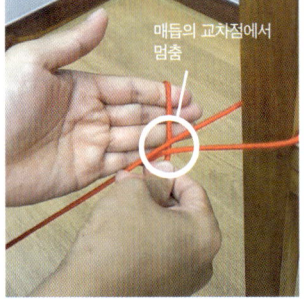

04 짧은 줄을 꽉 잡은 상태에서, 왼손을 긴 줄 아래로 빼내며 악수하는 손으로 만든다.

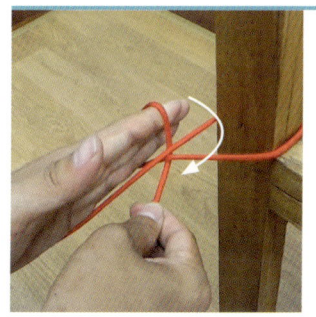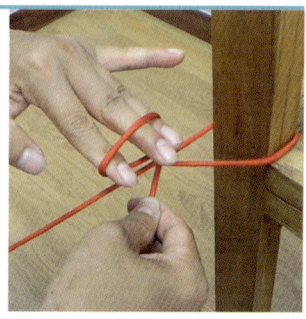

05 짧은 줄을 꽉 잡은 상태에서 매듭의 교차점 중심으로 왼손을 위쪽으로 덮어주며, 검지와 중지를 벌려 공간을 확보한다.

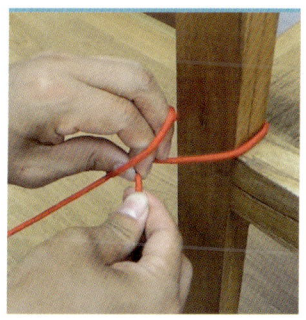

06 확보된 공간으로 검지와 중지를 이용하여 짧은 줄을 잡아당긴다.

07 잡아당기며 줄을 완전히 빼지 않고 고리를 만든다. 매듭이 마무리되기 전까지 짧은 줄을 절대 놓지 않는다.

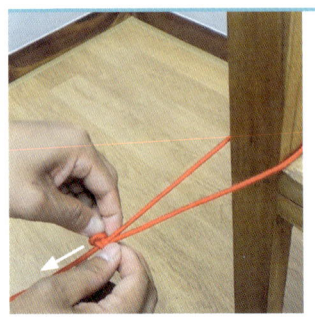
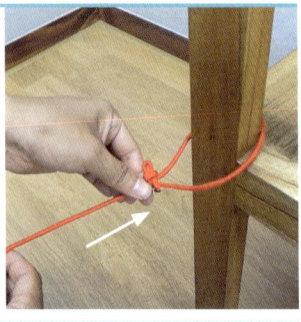

08 매듭을 건고히 마무리하기 위해 꼭 끝까지 짧은 줄을 놓지 않고 매듭 부분을 조여야 하는데, 보통 끝줄과 고리를 함께 잡고 몸쪽으로 잡아당긴다. 조여줄 때는 매듭을 잡고 민다.

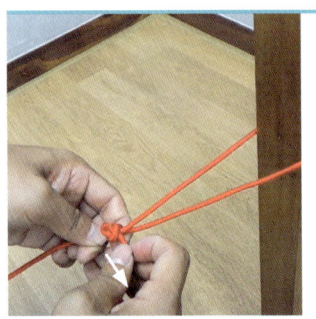
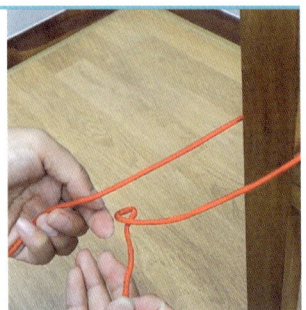

09 풀 때는 매듭의 끝을 잡아당긴다.

투 하프 매듭

Two Half Hitch
09

이 매듭법이 숙달되면 매우 신속히 기둥에 줄을 묶을 수 있다. 고의로 풀지 않는 이상 쉽게 풀리지 않지만, 원할 때 푸는 것도 그리 어렵지 않다. 달인은 이 매듭법을 보우드릴에서 활의 한쪽을 마무리할 때 사용한다.

보우드릴의 활 위쪽은 올가미 매듭으로, 손잡이 쪽은 활의 장력을 체크한 후, 투 하프 매듭을 지어주면 보우드릴할 때 줄이 늘어나지 않고 잘 고정되고, 장력 조절이 필요하면 쉽게 풀어 사용할 수 있다.

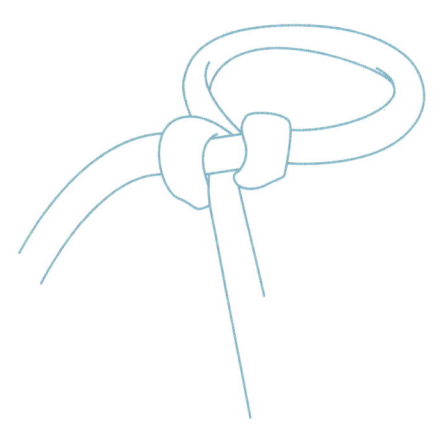

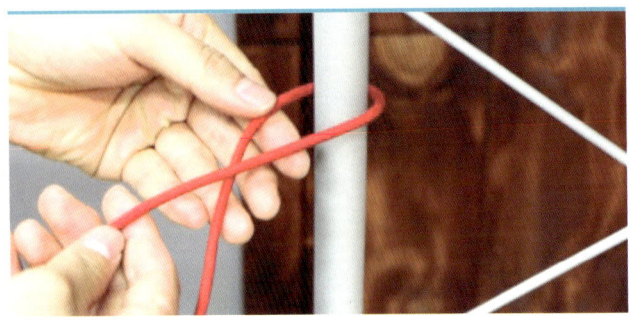

01 기둥이나 나무에 줄을 오른쪽에서 왼쪽으로 돌린 후, 시작 줄이 원줄 아래로 오게 한다.

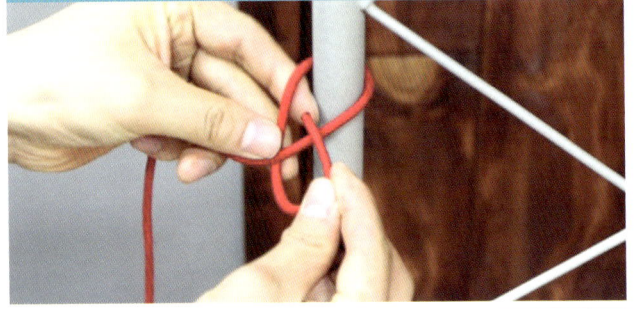

02 아래에서 위의 구멍 사이로 통과시킨다.

1장 생존에 필요한 필수 매듭법   53

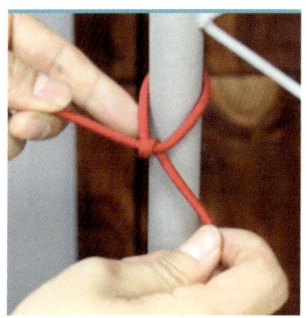

03 한 번 가볍게 잡아 매어준다.

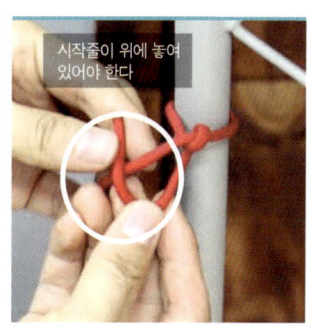

시작줄이 위에 놓여 있어야 한다

04 다시 왼쪽 줄 위에 시작줄을 놓인 상태로 구멍을 통과시켜야 한다.

05 위에서 아래로 통과시킨다.

06 강하게 잡아당기면 매듭이 완성된다.

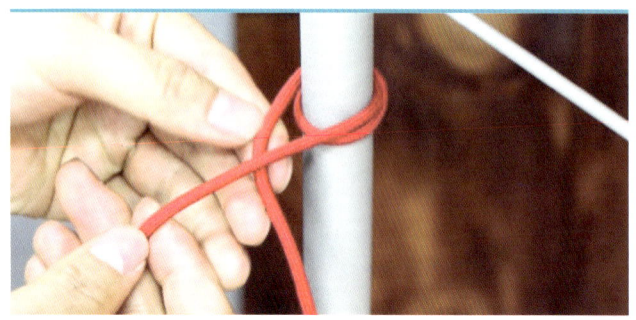

07 줄이 흘러 내리지 않도록 더 견고하게 하기 위해, 시작할 때 두 번 감아주기도 한다.

08 이렇게 두 줄로 하면, 강하게 잡아당기는 힘에도 쉽게 미끌려 내려오지 않는다.

피셔맨 매듭

Fisherman Knot

10

두께와 종류가 다른 두 줄을 연결하기에 가장 적합한 매듭이다. 같은 종류의 줄을 연결할 때도 유용하다. 어부들이 낚싯줄을 연결할 때 사용하여 피셔맨 매듭이라 한다. 더블 피셔맨 매듭은 피셔맨 매듭에서 한 번 더 매듭을 해 견고함을 높인 매듭이다.

피셔맨 매듭은 두 가지이며, 둘 다 익히면 유용하다.

01 왼손에 잡은 줄 끝을 옭매듭한다.

02 원을 뒤집어 위로 오게 한다.

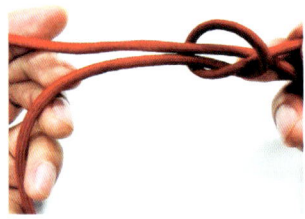

03 오른손의 줄로 고리를 통과한다.

04 통과한 줄을 왼쪽줄 위에 올려 놓고 앞에서 뒤로 감아 올린다.

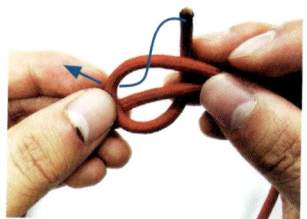

05 감아 나온 줄을 위쪽 고리 사이로 통과한다.

06 양쪽에 옭매듭 2개가 생긴다. 양쪽줄을 잡아당기면 매듭이 마무리된다.

07 11자 모양의 매듭이 나왔다면 정확한 매듭이 된 것이다.

더블 피셔맨 매듭

피셔맨 매듭이나 시트 벤드 매듭 또는 맞매듭도 두 줄을 연결하는 매듭이다. 그러나 더블 피셔맨 매듭은 시간이 넉넉하고, 연결 부위가 절대 풀어지지 않아야 하는 상황에 믿음직한 매듭이다. 줄이 끊어질 수는 있지만, 매듭은 절대 풀리지 않는다. 달인은 높은 지형에서 레펠을 할 때, 확보물에 고리를 만들어 등반자일을 연결하기 위해 사용한다. 낚싯줄과 같이 얇고 미끄러운 줄을 연결할 때 사용하면 풀어질 염려가 없다.

매듭을 시작하는 줄

01 왼쪽 줄은 일(一)자, 오른쪽 줄은 갈고리를 만들고 위에 얹어 E자를 만든다.

1장 생존에 필요한 필수 매듭법

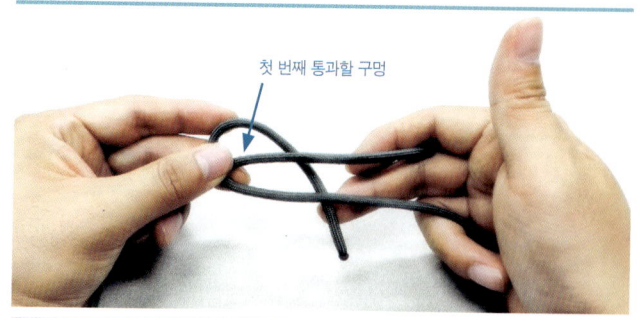

첫 번째 통과할 구멍

02 교차점을 꽉 누른 상태에서 가장 위 줄을 뒤쪽 아래에서 감아올리고,

03 감아올린 줄을 위쪽 구멍 안으로 통과한 후,

두 번째 통과할 구멍

04 다시 아래로 감아올려 두 번째 구멍 안으로 통과한다.

05 두 번째 구멍을 통과하지 않으면 일반적인 피셔맨 매듭이다.

06 자투리 줄을 잡아당겨 한쪽 매듭을 마무리한다.

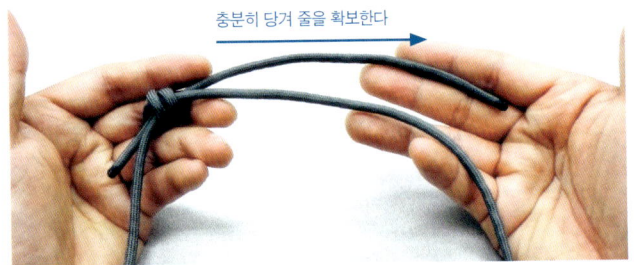

충분히 당겨 줄을 확보한다

07 이제 오른쪽에도 매듭을 짓는다. 줄을 잡아당겨 충분한 길이를 만들면 매듭이 쉽다.

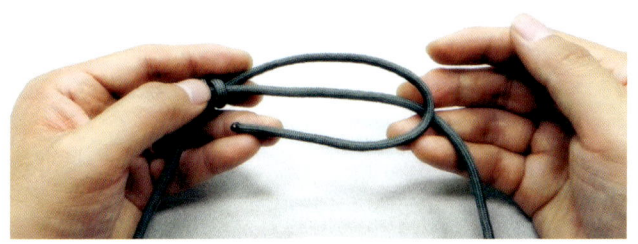

08 좌우가 바뀐 E자로 시작한다. 매듭을 진행하는 줄이 아래에 있다.

09 아래에서 위로 감아올리며, 아래쪽의 구멍을 먼저 통과한다.

10 한 번 더 감아올리며, 위쪽 구멍을 통과한다.

11 양쪽의 매듭 끝을 함께 잡아당겨 매듭을 견고히 한다.

12 양쪽에서 잡아당기면 매듭이 마무리 된다.

13 나란한 1자가 네 개 보인다면 아주 견고하게 매듭이 완성된 것이다.

시트 벤드 매듭

Sheet Bend

11

서로 다른 굵기의 줄을 연결할 때 유용하게 사용되는 매듭이다. 두 줄을 묶을 때 맞매듭과 피셔맨 매듭을 많이 사용하지만, 굵기 차이가 크면 시트 벤드 매듭이 매우 좋다. 두 줄의 굵기 차이가 큰 경우, 상대적으로 유연성이 좋은 얇을 줄을 감는 줄로 사용하고 두꺼운 줄로 갈고리를 만들어 연결하면 쉽다. 너무 굵은 줄은 매듭을 만들 유연성이 없을 수 있으며, 상대적으로 유연성이 좋은 얇을 줄을 이용해 두꺼운 줄과 연결할 수 있다.

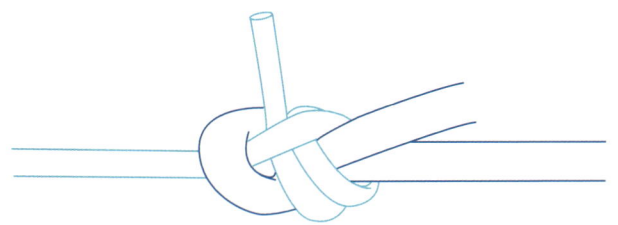

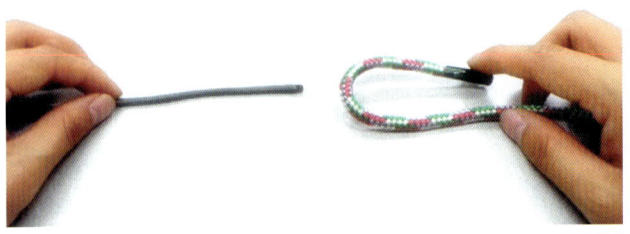

01 상대적으로 굵은 줄을 갈고리로 만든다.

02 고리 안으로 얇은 줄을 아래에서 위로 통과한다.

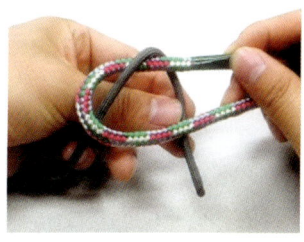

얇은 줄과 굵은 줄 사이

03 통과한 얇은 줄을 고리 위에서 아래로 감싸듯이 감아 돌린다.

04 얇은 줄 아래로 빠져나간다.

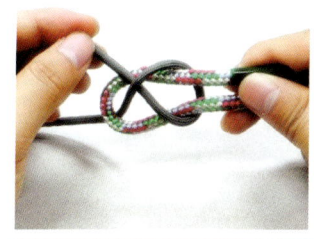

05 첫 번째 굵은 줄을 타고 넘었던 자신의 줄 아래로 교차통과 한다.

더블 시트 벤드 매듭

06 한 번 더 감으면 훨씬 견고하다. 달인은 이 방법을 추천한다. 굵기 차이가 너무 심하면 얇은 줄에 충분한 마찰이 걸리지 않아 풀 수 있다.

07 두 번 감아 주어 더블 시트 벤드 매듭 이라 불린다.

08 두께 차이가 현저하게 클수록 더블 시트 벤드 매듭이 좋다.

낚싯바늘 묶는 매듭

현장 바깥 돌리기

12

낚싯바늘을 묶는 여러 매듭 중 달인이 가장 많이 사용하는 매듭이다. 눈을 감고도 할 만큼, 누구나 쉽게 할 수 있다. 상당히 견고하여 바늘이 쉽게 빠지지 않는다. 기성품은 물론이고, 스스로 제작한 낚싯바늘에도 사용할 수 있어 익히면 쓸모가 많다.

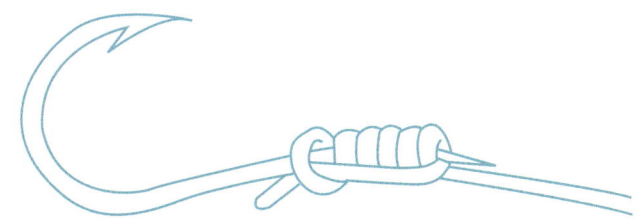

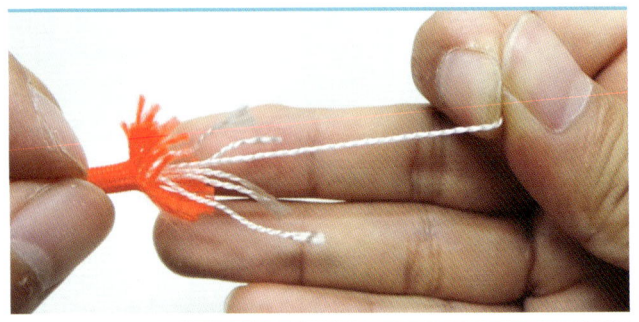

01 파라코드는 6개 심줄로 구성된다. 인장 강도는 한 줄에 약 30kg 정도이며, 낚싯줄로 충분하다.

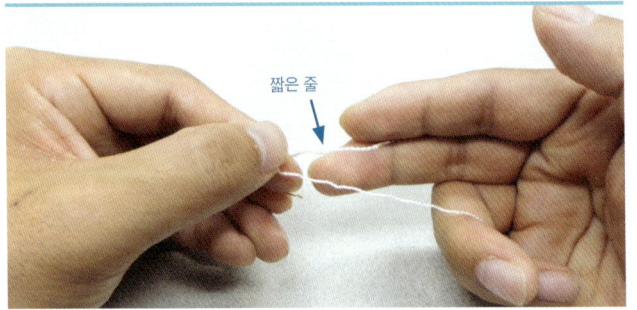

짧은 줄

02 짧은 쪽이 위인 ㄷ자를 만든다.

1장 생존에 필요한 필수 매듭법

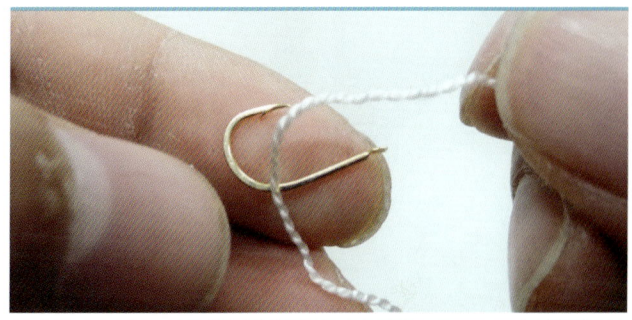

03 ㄷ자를 낚싯바늘 위에 얹는다. 바늘의 위아래는 매듭에 큰 영향을 주지 않는다. 달인은 바늘이 아래일 때, 찔렸던 경험 때문에 위를 향하게 한다.

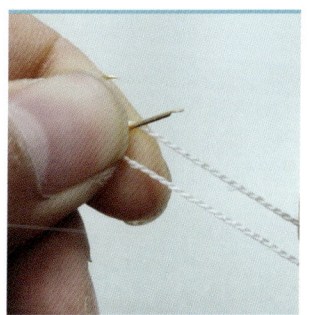

04 바늘을 두 줄 사이에 걸리게 놓는다.

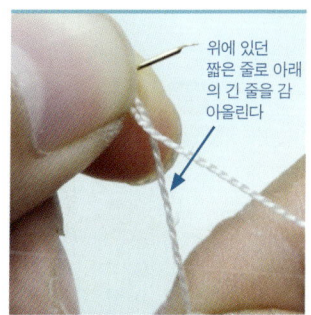

위에 있던 짧은 줄로 아래의 긴 줄을 감아올린다

05 짧은 줄로 바늘과 긴 줄을 같이 아래에서 위로 감싸듯 돌려 감는다.

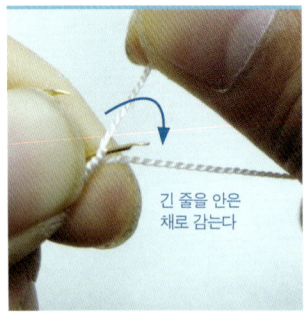

긴 줄을 안은 채로 감는다

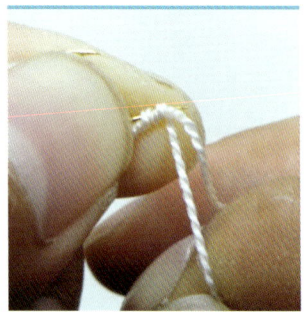

06 4~5회 정도 반복하여 감는다.

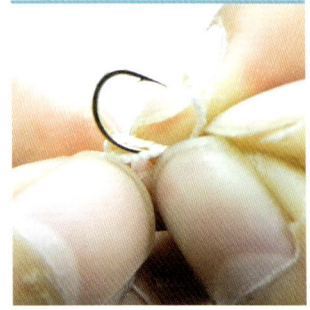

07 매듭과 바늘을 잡은 상태에서 바늘 쪽에 만들어진 고리를 향해 짧은 줄의 자투리를 통과한다.

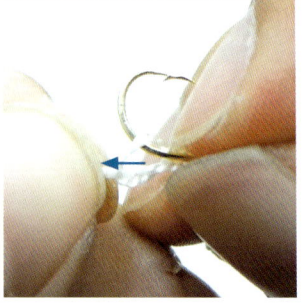

08 고리가 충분히 크면 줄이 통과하기 쉽다. 연습을 통해 고리 크기를 조절한다.

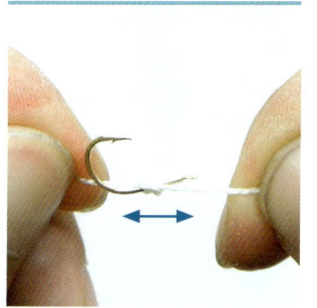

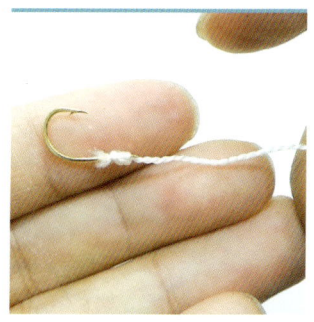

09 통과한 자투리 줄과 긴 줄을 잡아당겨 매듭을 마무리한다.

10 자투리 줄을 매듭 바로 위에서 자르면 낚싯바늘이 마무리된다.

11 실제 이 줄과 바늘로 잡은 물고기이다.

마린 스파이크 매듭

말뚝박기 매듭

Marine Spike Knot

13

말뚝이나 팩을 땅에 박을 때 사용하는 매듭이다. 매우 견고하며 간단하게 타프나 텐트의 끝을 땅에 고정할 수 있다. 당김 매듭처럼 말뚝을 고정한 상태에서 줄 사이의 장력을 조절할 수는 없지만, 처음부터 원하는 위치에 바로 말뚝을 견고하게 고정할 수 있다.

1장 생존에 필요한 필수 매듭법

01 손바닥 위에 줄을 놓고,

02 한 바퀴 감는다.

짧은 줄을 잡은 상태에서 기준줄 위로 뒤집는다

03 오른쪽으로 손바닥을 뒤집으며 기준줄 위로 고리를 만들고,

04 엄지와 검지를 이용하여 고리 사이로 기준줄을 잡아당긴다. 이때 절대 왼쪽 줄을 놓아서는 안 된다.

05 만들어진 고리에 말뚝이나 텐트팩을 집어넣고,

06 땅에 박으며 잡아당기면 말뚝에 매듭이 조여지고, 풀리지 않는 매듭이 완성된다.

사다리 매듭

14

마린 스파이크 매듭을 응용한 매듭으로, 사다리나 임시 다리를 만들 때 만들거나 임시 다리를 연결할 때 사용하면 좋다. SBS '생활의 달인', 「생존 최강 달인: 혹한기 편」에서 옷걸이를 만들었다.

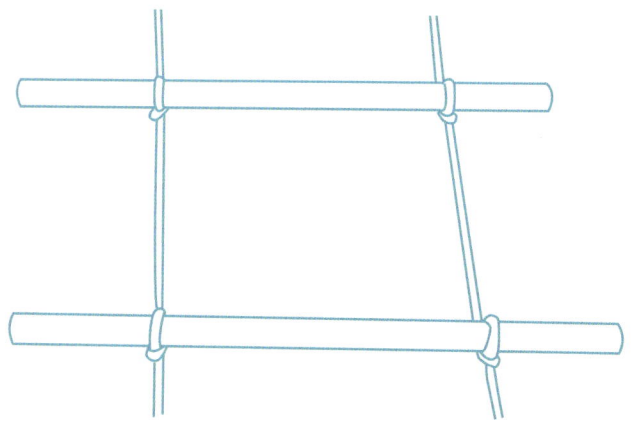

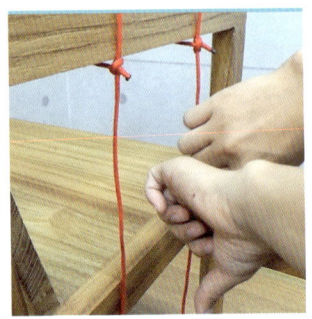

01 양손을 넘버원 모양으로 만들고, 두 줄 사이에서 안쪽으로 뒤집는다.

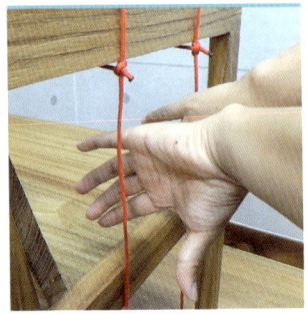

02 손가락을 펼쳐 각각 줄을 잡는다.

03 위쪽으로 뒤집으며 거울 보듯 손바닥을 펼친다. 두 줄은 엄지와 검지 사이, 긴 줄은 두 손 사이에 늘어져 있어야 한다.

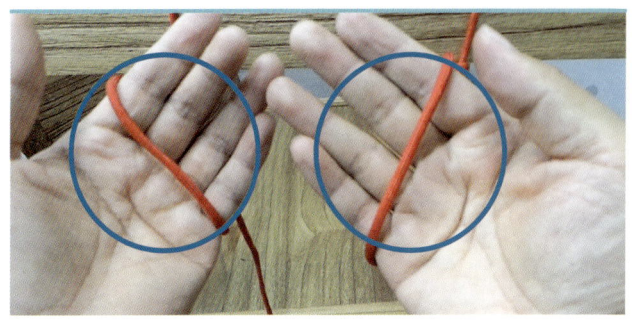

04 네 손가락을 펼쳐, 손바닥 안에 각각 한 줄의 끈이 네 손가락을 가로지른 형태가 되게 한다.

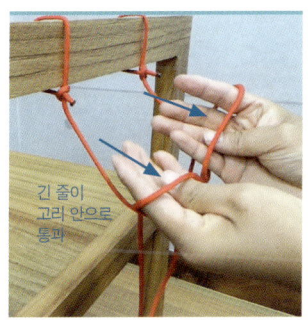

05 엄지를 줄 사이에 넣어 고리를 넓히고,

06 기준줄을 잡아당겨 만들어진 고리를 통과한다.

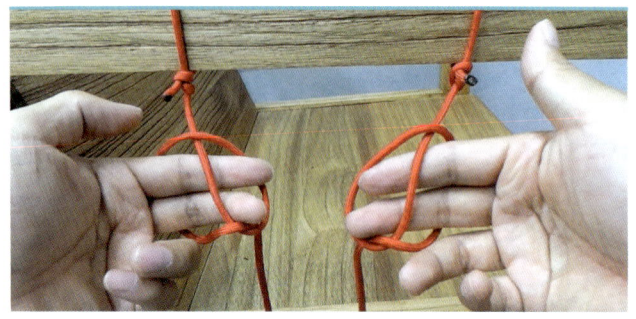

07 마린 스파이크 매듭과 같은 고리가 생긴다.

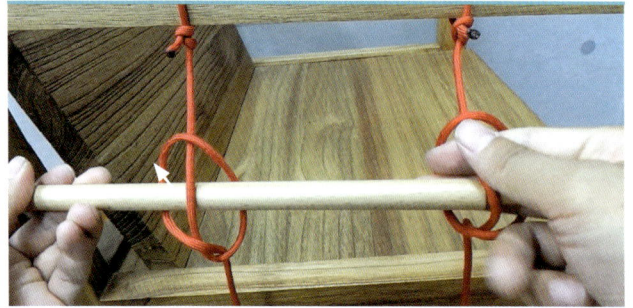

08 새롭게 만들어진 고리 안으로 손가락 대신 사다리로 쓸 나무를 집어넣는다.

1장 생존에 필요한 필수 매듭법

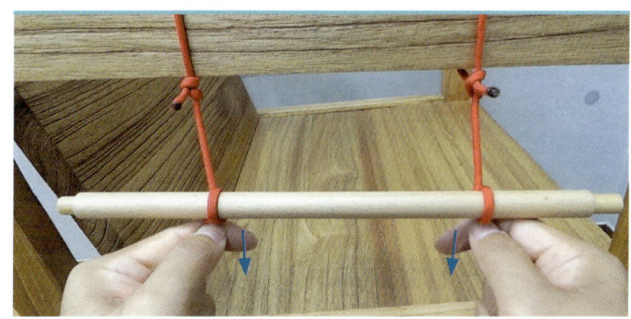

09 두 줄을 잡아당기면 매듭이 마무리된다.

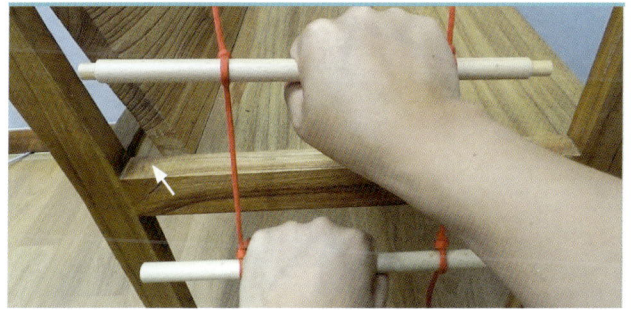

10 여러 개를 만들면 사다리가 된다.

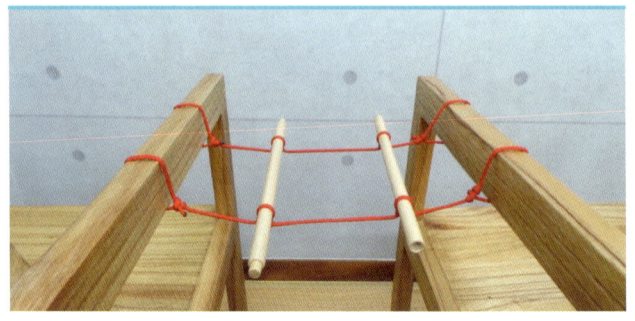

11 사다리는 잘 감아 두었다가 재사용할 수 있고, 가로로 연결하면 큰 구덩이나 계곡을 건널 때 임시 가교로 사용할 수도 있다. 물론 그만한 긴 줄이 필요하다. 간격을 촘촘히 하면, 멋진 나무 침대도 만들 수 있다.

뗏목 매듭

15

뗏목을 만들 때 큰 나무들을 가지런히 엮는 방법이다. 그릴이나, 식탁, 침대 등 다양한 물건을 만들 수 있다.

뗏목은 여러가지 매듭법이 필요하지만, 축이 될 나무와 바닥이 될 나무를 견고하게 엮는 것이 가장 중요하다.

재료 하나하나는 가볍지만, 완성된 뗏목은 무거워서 혼자 만들 때는 반드시 물가에서 만들어야 한다. 어릴적 얻은 교훈이다. 결국 해체하고 재료를 물가로 옮겨 다시 만든 아픈 기억이 있다.

포항 영일만 일대에서 두 번째로 만든 뗏목

01 축이 될 나무를 세로로 놓고, 엮을 줄을 반으로 접어 사용하면, 줄의 길이와 관계없이 일관되게 묶어 갈 수 있다.

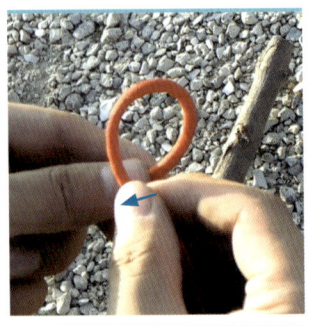

02 왼손의 접은 줄 가운데 부분을 잡고 오른쪽 줄을 왼쪽으로 꼬아 고리를 만든다.

03 만든 고리를 잡고 오른쪽 줄을 왼쪽으로 꼬아 고리 하나를 더 만든다.

04 만들어진 고리의 방향과 줄이 사진과 같은지 확인한다.

05 왼쪽 고리를 오른쪽 고리 위에 겹친다. 마주 접지 않고, 위에 얹는다.

06 포갠 고리 사이로 축이 될 나무를 통과한다. 여기까지는 클로브 히치(clove hitch) 매듭이며, 줄을 기둥에 고정하는 매듭 중 하나이다.

07 양쪽 줄을 잡아당기면 당기는 힘이 강할수록 조여드는 클로브 히치가 완성된다.

08 클로브 히치 매듭 바로 아래에 뗏목의 바닥이 되어줄 나무를 놓고, 위에 줄을 얹는다.

09 기준 나무 아래로 두 줄을 교차 통과한다.

10 매듭을 잡아당겨 나무를 견고히 밀착시키고, 남은 줄을 위로 걷어 올린다. 다음 나무를 연결할 때 줄의 동선이 좋다.

11 다음 나무를 놓고 같은 방법으로 묶는다. 바닥이 될 나무를 하나하나씩 매듭을 마무리하고 남은 줄을 위로 걷어야, 줄이 엉키지 않고 빠르게 작업할 수 있다.

12 나무를 다 엮거나, 줄이 짧아져 매듭을 마무리할 때는 맞매듭으로 한다. 추가되는 줄의 시작은 클로브 히치 매듭 대신 맞매듭하여 나무에 묶어놓고, 뗏목 매듭을 하면 된다.

맞매듭

13 뗏목의 뒷면이다. 일정하게 두 줄로 묶여 있어 쉽게 풀어지지 않는다.

14 실전에서는 이렇게 만든다.

자일 휴대하는 매듭

Pack Coil

16

생존 상황에서 자일은 매우 중요하다. 나뿐만 아니라 다른 사람을 살리는 수단이 될 수 있다. 부피와 무게로 휴대가 부담스러울 수 있지만, 때로는 자일 하나만 가지고 탈출해야 하는 상황이 올 수 있다. 이때 자일을 효과적으로 휴대하는 방법을 일명 '팩 코일(pack coil)'이라 부른다.

두 줄 끝은 오른손
(왼손잡이는 반대로)

01 자일을 완전히 풀고, 양 끝 두 줄을 나란히 맞추어 양팔 길이만큼 벌린다. 마음속으로 '하나'라고 센다.

땅에 놓인 줄의 길이는 세 번의 양팔간격

02 양 끝을 양팔 넓이로 '둘, 셋' 만큼 풀고 땅에 놓는다.

1장 생존에 필요한 필수 매듭법

4회부터는 오른손에 겹쳐서 잡음

03 네 번째로 양팔 간격만큼 줄을 당기고, 오른손에 사리(coil)를 만든다.

04 양팔간격만큼 줄을 펼치고, 오른손에 계속 건다.

05 마지막까지 오른손에 사리를 만들고,

06 왼손으로 넘긴 후, 땅에 놓인 줄로 자일의 아래부터 감아올린다.

자일 윗부분을 잡은 상태에서 돌리면 쉽게 줄을 감아 올릴 수 있음

07 마지막까지 오른손에 사리를 만들고,

고리 안으로 통과

08 감아올린 자일을 왼손 고리 안으로 잡아 빼낸다.

만들어진 고리에 나머지 줄을 완전히 통과시켜 빼냄.

09 잡아빼 낸 줄의 공간에 다시 오른손 줄을 완전히 통과한다.

1장 생존에 필요한 필수 매듭법

자일에 매듭이 만들어짐

10 통과한 줄을 잡아당기면 매듭이 만들어진다.

11 두 줄을 좌우로 잡아 등 뒤로 가방 메듯 돌려 멘다.

12 등의 중심에 오게 양 줄을 당겨 자일 위치를 조절한다.

13 남은 줄로 자일을 허리와 함께 감싸며 한 바퀴 감아 돌린다.

14 맞매듭으로 마무리하면 팩 코일이 완성된다.

서바이벌 기본 도구 사용법

02

요즘 유행하는 부시크래프트는 최소의 장비를 갖춘 고전적인 방식의 야영이란 점에서 일반 캠핑처럼 레저활동이다. 또한, 롱텀 서바이벌도 부시크래프트의 영역이다. 자연 친화적 캠핑이나 부시크래프트에서는 많은 장비가 필요없다. 장비가 많으면 기동성이 떨어지고, 자연과의 접촉면적도 좁아진다. 장비는 기술로 대체할 수 있다. 오히려 컨셉이 중요하다. 결정한 컨셉에 맞게 장비를 준비해야 하며, 업그레이드는 철저히 사용경험을 고려해야 두 번 실수하지 않는다.

입문자들은 일부 캠퍼들의 비싼 장비와 화려한 사진을 보며, 한 걸음 내딛기도 전에 좌절한다. "아, 캠핑이란 게 비싼 레저구나"하고 걱정하지 마시라. 캠핑은 그리 비싼 레저가 아니다. 타프 하나만으로도 자연을 즐기기에는 충분하다. 지금이라도 컴퓨터를 떠나, 동네 산이나 공원의 나무숲 속에 앉아 자연이 나에게 편안함과 휴식을 주는지 느껴보았으면 한다. 만약, 그 안에서 불편하고 재미가 없다면, 많은 장비가 무슨 의미가 있겠는가? 오히려 주변 숙박시설을 이용하는 것이 훨씬 경제적이다.

달인은 헝그리 캠퍼이기를 원한다. 언제든 가벼운 마음과 장비로 언제든지 자연으로 떠날 준비가 된, 부족한 장비로 부시크래프트를 즐기고, 생존 상황은 생존 기술로 극복하는, 장비가 있어도 그만 없어도 그만인, 자연 자체를 즐길 줄 아는 아웃도어인으로 남고 싶다. 다만, 필수 장비는 갖추어야 한다. 왜냐하면 최소의 안전을 보장하기 때문이다. 아무 장비 없이 아웃도어 활동을 하는 것은 자랑이 아니라 만용이다. 필수 장비는 안전사고 예방을 위한 최후의 보루이다.

달인이 생각하는 아웃도어 활동의 필수 장비는 다음과 같다.

1. 나이프 + 톱: 기본 도구
2. 파이어스틸 또는 방수라이터: 불
3. 타프 또는 판쵸우의: 쉘터, 체온보호
4. 파라코드: 보우드릴, 쉘터, 낚시, 덫 등
5. 휴대용 정수 필터 및 알약: 물
6. 의료용 라텍스 고무튜브: 지혈, 오수 증류, 새총, 작살 등
7. 비닐봉지(투명 또는 반투명): 빨래 보관, 물 만들기, 빗물 모으기 등
8. 응급처치킷(비상약, 호루라기 포함): 상처치료, 쇼크방지, 구조신호 등
9. 후레쉬 + 여분 배터리(AA, AAA): 야간활동
10. 스텐 재질 반합 또는 포트: 조리도구
11. 보조자일 + 카리비너 2개 + 8자 하강기: 위험지역 극복

위 장비의 무게는 약 3kg이다. 30리터 크기의 배낭을 포함하면 약 5~6kg이다. 이 정도면 경험에 비추어볼 때, 국내에서 생환 불가능한 상황은 없다. 위 목록을 참고하여 자신의 아웃도어 컨셉에 맞는 새로운 장비목록을 구성하자.

이제 이 장비들이 어떻게 생존 상황에서 사용되는지 보여줄 것이다. 먼저 가장 기본 도구인 나이프와 톱, 도끼의 사용법에 대해 설명한다.

생존의 달인
한마디,

**"가장 좋은
나이프는
내 손에 잡혀있는
나이프다"**

나이프

01

세계 탑 클래스 나이프 브랜드 '레이돕스'사가 선물한 서바이벌 나이프, 현재 달인과 서바이벌 나이프 개발중이다.

어떤 나이프가 좋은 나이프인가? 미국의 부시크래프트 전문가 코디룬딘은 "가장 좋은 나이프는 자기 애착이 가는 칼이다"고 했다. 즉 개인 취향에 따라 다르다는 의미다. 매우 공감한다. 달인이 생각하는 가장 좋은 나이프는 내 손에 잡혀있는 나이프다. 절실한 생존 상황에서 내 손에 쥐어진 과도는 집에 있는 몇십만 원짜리 고급 나이프보다 몇백 배나 좋은 나이프다. 따라서 어떤 디자인이건, 강재이건, 크기이건, 자유자재로 사용할 줄 알아야 한다. 그것 또한 중요한 생존 기술이다. 그러나 순수 서바이벌 상황을 염두에 둔다면 또 다른 조건이 덧붙여진다.

어떤 나이프가 서바이벌 나이프인가?

1. 무식할 만큼 튼튼해야 한다:
풀탱 구조

서바이벌은 부시크래프트보다 극한 상황에서도 견뎌야 한다. 때로는 도끼, 망치, 삽을 대신 할 만큼 튼튼해야 한다. 나이프는 풀탱Full Tang과 부분탱Partial

Tang으로 구분한다. '탱Tang'은 우리말의 슴베이며, 도구의 뒷부분과 손잡이의 연결된 부분이다. 풀탱은 날의 강재가 손잡이 끝 부분까지 연결되며, 부분탱은 중간에 멈춘 구조이다. 같은 디자인이라면 당연히 부분탱보다 풀탱 구조가 더 견고하다. 탱의 구조는 제원에 명시되어 있으며, 구매 전에 꼭 확인해야 한다.

2. 날의 유지력이 좋고, 쉽게 샤프닝 할 수 있어야 한다: 카본(탄소강) 재질

카본 재질의 나이프는 전통적으로 날 유지력과 샤프닝이 편리하다. 일반 돌에 문질러도 날이 쉽게 선다. 카본 재질 나이프의 유일한 단점은 녹이 잘 슨다는 것이다. 하지만 최근에 나온 제품은 웬만한 습도에도 녹이 잘 슬지 않으며, 사용 후 물기 제거만 잘해도 큰 문제가 없다. 스텐 재질이 따라올 수 없는 카본 재질 나이프의 최대 장점은 파이어스틸 역할을 손쉽게 할 수 있다는 것이다. 부싯돌(석영과 같은 매우 단단하고 조밀한 조직의 돌, 차돌)을 구하고 쪼개어, 날카로운 면에 치면 불꽃이 일어난다. 파이어스틸에서 나오는 불꽃보다 순간 온도는 낮지만 숯과 같이 불완전 연소한 부싯깃이나, 차클로스, 솜 깃털처럼 부드러운 부싯깃, 말굽버섯과 같은 두꺼운 버섯의 뒷면에 불꽃을 튀기면 불씨가 생긴다.

3. 날이 길어야 한다:

10cm이상 되어야 자기 방어가 가능하다. 그래야 칼 자체로 충분히 상대 또는 사냥물에 치명적인 상처를 입힌다. 또한, 나무를 베거나 쪼갤 때 더 쉽다. 미국에서는 서바이벌 나이프의 최소 날 길이를 약 10~18cm로 정의하기도 한다. 물론 나이프 하나로 모든 상황에 대처할 수는 없다. 특정 상황에 딱 맞는 나이프는 있을지언정 모든 상황에 맞춰진 나이프는 아직 만나보지 못했다. 따라서 예측되는 상황을 고려해 다른 종류의 나이프를 몇 개 준비해도 좋다. 멀티툴 + 서바이벌 나이프 + 정글도 정도의 조합이면 좋을 듯하다.

그립법과 기본 커팅법

손으로 자를 수 있을 만한 크기의 나무를 다듬을 때 사용하는 방법이다. 보우드릴의 스핀들(축)을 만들거나 텐트 팩을 만들 때 사용한다.

01 네 손가락으로 손잡이를 감싸고, 엄지로 덮는다. 태권도 정권 지르기를 생각하면 쉽다.

02 이런 그립법은 손목이 아닌 팔 힘으로 아주 강하게 커팅할 수 있다.

나이프를 잡은 손은 날의 각도를 생각하며 밀어내며, 손잡이 쪽 날에서 시작하여 칼의 윗날까지 지그시 베어낸다. 이때 손목이 꺾이지 않게 버텨야 한다

대상물을 잡은 손은 당기고

03 한 번에 다 자르려고 하지 않는다. 나이프 날 경사면을 고려하여 커팅 각도를 정해야 한다. 날의 특정 부분이 아닌 전체 라인을 활용하여 베어내야 한다.

한쪽 면만이 아니라, 나무를 돌려가며 커팅한다

04 양손이 함께 움직여야, 힘이 가해지는 지점을 중심으로 칼의 움직임을 최소화하며 강하게 대상물을 커팅할 수 있다.

05 나이프를 다룰 때, 가장 많이 다치는 손은 나이프를 잡은 반대편 손이다. 따라서 반대편 손에는 귀찮더라도 장갑을 끼는 것이 좋다. 이로 인한 나이프 안전사고는 달인의 블로그에서 쉽게 찾아볼 수 있다.

무릎 커팅법

손 힘만으로 자르기 힘든 굵은 가지를 커팅할 때 다리 힘을 이용하여 효율적으로 커팅하는 방법이다. 작업반경이 좁아 손이 베일 확률도 매우 낮다.

01 칼을 잡은 손을 무릎으로 지탱한 상태에서, 다리 힘으로 무릎을 밀어주며 나이프는 위에서 아래로 비스듬히 벤다. 3박자를 잘 맞춘다면 아주 쉽게 커팅할 수 있다.

02 커팅이 완료되는 시점에 나이프를 잡은 손이 무릎에서 벗어나지 않게 주의한다. 통제되지 않은 힘은 사고로 이어질 수 있다. 나이프를 다룰 때 행동반경이 커질수록 다칠 위험도 커진다.

가슴 커팅법

팔 힘이 아닌 등근육을 이용하여 커팅하는 방법이다. 굵은 가지를 안전하게 커팅하기 좋다.

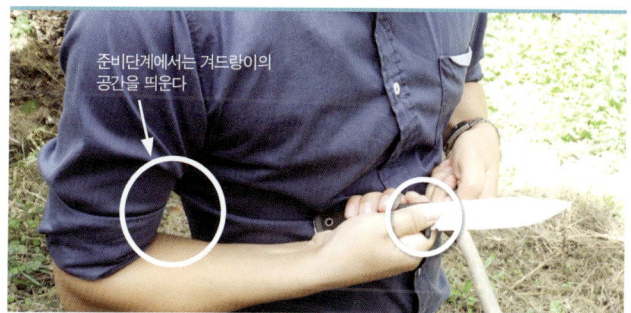

준비단계에서는 겨드랑이의 공간을 띄운다

01 나이프와 가지를 잡은 손목을 가슴에 붙이고, 나이프 측면에 엄지를 거치하는 그립으로 잡는다.

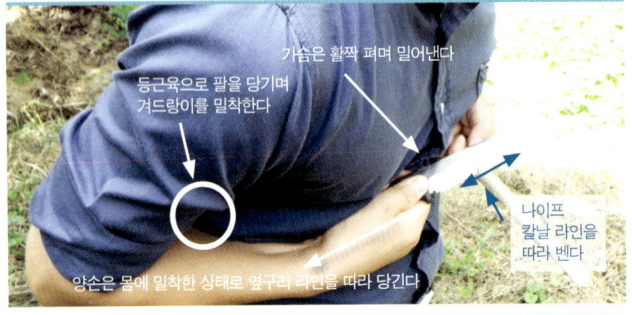

02 가슴으로 나이프를 밀며, 등근육을 이용하여 양팔을 잡아당긴다. 즉, 팔 힘으로 커팅하지 않고, 양손은 등근육을 사용하여 팔을 잡아당길 때 버티며 거들어 주는 정도이다.

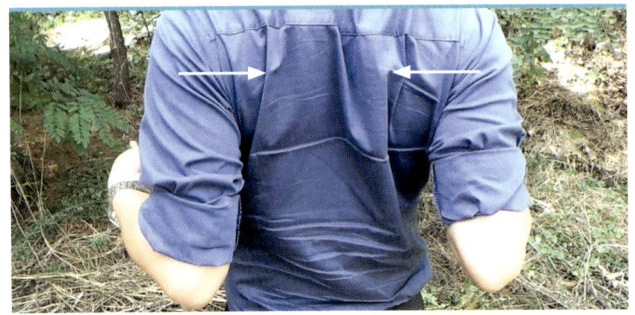

03 등근육을 사용해야 더 큰 힘을 쓸 수 있고 팔의 피로를 줄일 수 있다.

바토닝 batoning 하는 법

손으로 자를 수 없는 굵은 나무를 커팅할 때 사용하는 방법이다.

01 나무몽둥이를 이용하여 비스듬한 각도로 칼등을 내려친다.

02 한쪽만 집중적으로 하지 않고, 반대쪽과 번갈아가며 커팅하면 더 쉽다.

03 커팅된 홈이 만들어지면 나무를 돌려서 또 홈을 만들어간다.

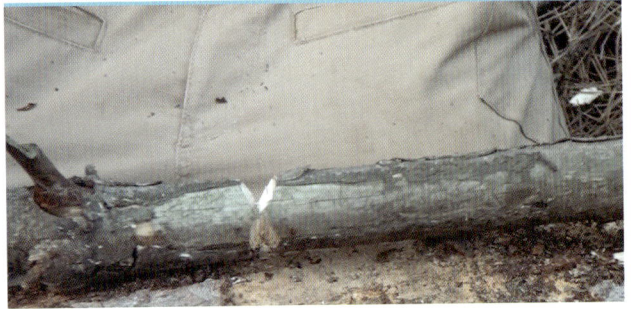

작은 나이프를 이용한 통나무 쪼개는 법

길이가 짧은 나이프를 이용하여 나무를 쪼개어 우드스토브나 땔감을 만들 때 사용하는 방법이다.

손잡이 쪽의 날이 남아 있어야 한다

01 실제 쐐기의 역할은 칼끝보다 좀 더 두꺼운 손잡이 쪽이다. 커팅 면에 손잡이 쪽을 바짝 붙이지만, 날이 없는 부분(일명 초일)이 포함되지 않게 주의한다. 내려칠 때 나이프가 튕길 수 있다.

02 앞쪽을 먼저 내려쳐서 칼이 들어가는 방향을 잡고,

03 충분히 들어간 후, 손잡이 쪽을 내려치면 쉽게 쪼개진다.

04 앞쪽을 너무 많이 내려쳐서 기울어질 때, 손잡이 부분을 눌러 수평으로 만들면 더 효율적이다.

나이프 길이보다 더 긴 통나무는 나이프 방향을 반대편으로 옮겨, 같은 깊이까지 양쪽을 번갈아 가며 쳐낸다

05 나이프가 칼등을 칠 수 없을 만큼 깊이 들어가면, 수평을 만들어 가며 칼끝을 내려친다.

06 나이프가 중심 이하로 내려오면 더는 강하게 내려치지 않는다. 자칫 통나무가 쪼개지며 나이프가 땅에 닿아 날이 상할 수 있다.

07 충분히 벌어졌을 때, 나이프를 비틀면 날 손상 없이 안전하게 쪼갤 수 있다.

쵸핑 choping 하는 법

나이프를 이용하여 벌목도처럼 가지를 쳐내거나 나무를 찍어 쪼개는 방법이다.

01 세 손가락 법 그림을 사용한다. 손잡이 끝 부분에 검지와 중지를 파지하고,

02 두 손가락을 엄지와 완전히 덮어 파지한다.

03 팔 힘으로 내려치지 않고, 손목 스냅을 이용하여 나이프 무게중심을 앞쪽으로 끌어낸다.

04 대상물에 닿는 순간에는 나이프를 놓치지 않을 정도로만 힘을 푼다. 손목 손상을 최소화하고 힘을 아낄 수 있다.

긴 가지 커팅하는 법

잘라낸 가지를 원하는 만큼의 길이로 커팅할 때 사용하는 방법이다. 익숙해질 경우 상당히 다양한 굵기의 가지를 원하는 길이로 잘라낼 수 있다.

가지와 오른 다리의 공간은 10cm 이상 떨어져야 한다

01 가지는 자신의 양발보다 뒤쪽에 있어야 나이프 동선으로부터 안전하다.

02 쵸핑하는 그립으로 나이프를 파지한 후, 팔꿈치와 손목스냅 힘으로 내려친다. 그래야 반복적으로 내려칠 때 타격지점이 비슷하여, 굵은 가지도 돌려가며 쉽게 잘라낼 수 있다. 한 번에 자르려 하지 말고, 여러 번 나눠서 커팅하는 것이 팔 근육 손상을 막고 힘도 절약할 수 있다.

긴 나이프 사용법

타격 시 나무가 흔들리지 않게 끝을 땅에 고정한다

흔들리지 않게 누른다

안전거리 확보

01 정글도와 같이 길고 무거운 칼일수록 작업 동선이 안전을 좌우한다. 큰 칼을 사용할때는 타격지점이 양발 라인보다 뒤쪽에 위치하게 한다. 실수로 빗나가거나 관성에 의해 자신의 다리를 자르지 않게 된다.

톱

02

톱은 나이프 다음으로 효용이 높은 도구다. 사실 나이프와 톱만 있다면 만들지 못할 도구나 집은 없을 정도로 훌륭한 조합이다.

어떤 톱이 유용한가? 개인적으로는 벌목톱이 가장 좋고, 그다음 접이식 톱을 꼽고 싶다. 가격 대비 성능, 휴대성을 고려하면 단연 접이식 톱이 으뜸이다. 휴대성이 좋은 와이어식이나 체인식은 힘이 상당히 많이 들고, 작업의 섬세함이 떨어진다. 체인식은 너무 비싸기도 하다. 공구가게에서 파는 접이식 톱의 몇 배 가격이지만, 성능과 작업 효율성은 절반도 따라가지 못한다. 비교한 결과는 아래 QR코드를 스캔하면 확인할 수 있다.

톱질하는 법

톱을 다루는 데 무슨 기술이 필요하겠냐고 할 만큼 어렵지 않다. 다만, 굵은 나무를 잘라야 할 때일수록 이렇게 하면 작업 효율을 높여준다.

앞에서 뒤로 당기면 걸리지 않고 쉽게 그어진다

01 먼저 자르고자 하는 부분에 가볍게 톱질하여 길을 낸다.

02 그래야 본격적으로 톱질할 때 걸리지 않는다.

03 본격적으로 톱질할 때는 나무가 흔들리지 않게 아래로 누른다.

팔로 들어 올릴 수 없을 정도의 큰 나무라면 고임목이나 지렛대를 이용하여 받친다

04 중간 이상 깊이로 들어가면 톱이 나무에 끼여 톱질이 어려워진다. 이때부터 나무를 들어 올려 공간을 확보하면 쉽게 톱질할 수 있다.

도끼

03

도끼는 있으면 좋고, 없어도 그만인 도구다. 기본 무게가 다른 도구에 비해 무거워 도끼 휴대는 그만큼 체력손실도 커진다. 다른 도구가 없다면 나이프와 톱의 구실을 할 수 있는 것은 장점이다. 하지만, 개인적으로는 효용이 나이프 + 톱의 조합을 따라갈 수 없다고 생각한다.

도끼의 또 다른 효용은 망치 기능이지만, 실제 아웃도어에서는 나무 몽둥이만 한 것이 없다. 도끼의 머리가 그리 넓지 않다 보니 망치질도 어렵고, 재질이 철이다 보니 잘못 내려칠 경우 나무 몽둥이보다 상처가 더 심하다. 이래저래 계륵과 같은 도구가 도끼다. 그러나 도끼밖에 없는 상황이 올 수도 있다. 따라서 생존을 배우고자 하는 사람이라면 도끼도 나이프와 톱처럼 다룰 수 있게 연습해야 한다.

나무 쪼개는 법

나이프 바토닝법으로 긴 나무를 둘로 쪼개는 것은 어렵다.
도끼가 있다면 간단하다.

01 먼저 나무의 끝 부분과 도끼의 날을 중심에 일치시킨다.

02 도끼와 나무를 함께 올렸다가 바닥으로 내려친다.

03 도끼의 무게로 인해 나무가 쪼개진다.

04 쪼개진 라인을 따라 반복한다. 때로는 나무 말뚝을 깎아 쐐기처럼 박아 넣어도 좋다. 굵은 나무는 쪼개진 라인을 따라 나무 말뚝을 연이어 박으면 효율적으로 쪼갤 수 있다.

05 나무가 가운데 이상으로 쪼개지면 방향을 바꾸면 좋다.

06 어느 정도 쪼개지면 도끼를 끼운 후 비틀어 완전히 쪼갠다.

말뚝 만드는 법

텐트팩이나 작은 말뚝은 나이프로도 가능하다. 그러나 집을 지을 때 사용할 기둥이나 지지대를 만들 때는 도끼가 있다면 작업이 쉽다. 이때는 맨땅이나 바위보다 통나무나 넓은 나무를 받침대로 놓고 작업해야 날 손상을 막을 수 있다.

01 도끼의 진행방향에 자신의 무릎이 오지 않게 한다. 도끼가 빗나갈 경우 무릎을 칠 수 있다.

02 대상물을 자신의 무릎 바깥쪽으로 비스듬히 세운다. 그러면 도끼가 빗나가더라도 다칠 위험이 없다.

03 너무 세게 치려 하지 않고, 도끼머리 무게와 중력을 이용하여 툭툭 내려친다. 한 번에 완벽한 말뚝을 만들기 보다 기본 모양을 먼저 만들어야 한다.

04 기본 모양이 만들어지면, 도끼목 바로 아래까지 짧게 잡는다. 도끼를 짧게 잡으면 나이프처럼 사용할 수 있다.

05 도끼의 목을 잡고 톡톡 쳐낸다.

06 이런 작업과정을 거치면 아주 균형 잡힌 말뚝, 또는 창을 만들 수 있다.

기타

04

나무 부러뜨리는 법

톱이 없을 때, 원하는 길이의 나무를 확보하는 방법이다.
이 방법으로 쉘터 구조물도 만들고, 땔감도 확보한다.

01 Y자 형태로 벌어진 나무 사이에 부러뜨릴 나무를 집어넣는다. 부러뜨리고 싶은 위치를 나무에 얹고, 힘껏 누른다.

02 긴 마른 나무는 암석의 모서리에 힘껏 내려쳐서 부러뜨릴 수 있다. 시선은 내려치는 반대방향을 봐야 파편으로부터 눈을 보호할 수 있다.

03 돌 틈에 끼워놓고 부러뜨릴 곳을 모서리에 위치한 후 체중으로 누르는 방법도 있다.

필수 서바이벌 기술:

쉘터

03

생존의 3대 요소는 '물', '불', '쉘터'이다. 이 세 가지를 확보한다면 생존확률은 매우 높다.

쉘터shelter는 말 그대로 보금자리다. 그러나 서바이벌에서의 쉘터는 거주가 아니라 밤을 버텨내는 임시 거처다. 편하게 잠을 잔다가 아니라, 죽지 않을 만큼 버텨낼 수 있는 잠자리를 제공하는 곳이다. 다음날 구조가 쉬운 곳으로 이동하거나 구조될 때까지 체력을 비축하며 버텨내는 장소일 뿐이다. 반면 부시크래프트에서의 쉘터는 거주의 개념이 강하다. 부시크래프트 자체가 레저에 가까운, 최소한의 도구를 사용한 고전적인 캠핑, 클래식한 캠핑이다. 맛있게 먹고, 마시고, 쉴 수 있는 공간이 부시크래프트의 쉘터다. 만들 때 필요한 재료가 무엇인지, 어떤 구조로 지을지 미리 준비하는 쉘터란 얘기다.

서바이벌 쉘터를 부시크래프트 쉘터로 착각하는 순간, 쉘터 만들기는 체력을 소진하는 생존 걸림돌이 된다는 점을 꼭 기억했으면 좋겠다. 쉘터를 만드는 데 드는 시간과 체력은 어마어마하며, 효율적이지 못한 쉘터 구축은 오히려 생존 능력을 저하할 수 있다.

생존의 달인
한마디,

"쉘터는
 구하기 쉬운 재료로
 빨리 만들 수 있어야 하며,
 보온 기능을 고려해야
 좋은 쉘터이다"

쉘터 만드는 법

01

서바이벌 쉘터는 다음과 같은 원칙을 가져야 한다.

1. 가장 빨리, 가장 적은 재료로, 가장 단순하게 만든다:
시간을 절약하고, 체력을 비축할 수 있다.

2. 방풍에 최우선을 두고, 여유가 있으면 방수도 고려한다:
처음부터 방수를 고려하면 상당히 많은 재료가 필요하고 많은 시간이 걸린다.

3. 지형을 이용하고 구하기 쉬운 재료를 사용한다:
지형의 장점을 이용하면 재료를 아낄 수 있으며, 동굴이나 암석 사이는 방수 문제도 해결된다. 때로는 구덩이나 바위틈에 나뭇잎을 쌓고, 안에서 하룻밤을 버티는 것도 좋은 방법이다.

4. 추운 날씨에는 입구가 작고, 높이는 낮게, 지면과 신체가 바로 닿지 않게 한다:

입구가 작으면 방풍효과도 높고, 내부 용적이 작을수록 쉘터 내의 공기를 체온으로 데울 수 있다. 땅바닥으로 뺏기는 체온이 크므로 낙엽이나 풀을 이용하여 직접 지면접촉을 피해야 한다.

5. 침수나 낙석, 동물의 흔적이 없는 곳을 선택한다:

그런 흔적은 재발의 우려를 말하는 중요한 증거이다.

한 곳에 계속 머물며 장기적인 탈출 계획을 수립하면 '롱텀서바이벌 쉘터', 즉 부시크래프트의 쉘터 개념을 적용하여 시간을 많이 투자해야 한다. 좀 더 강화해야 할 요소는 쉴 공간과 방풍 및 방수다. 완전 방풍 및 방수가 아닌 주어진 여건 속에서 최대한이다. 방풍과 방수는 체온손실을 줄일 수 있기 때문에 중요하다. 결국 쉘터는 체온유지를 위한 수단 중 하나이다. 더울 때는 그늘로 시원하게, 추울 때는 방풍 및 방수로 따뜻하게 한다. 불은 직접 체온을 유지하고, 쉘터는 그 효과를 높이며, 에너지를 비축하게 한다. 불과 쉘터가 조합하면, 체온유지뿐만 아니라 심리적 안정감도 극대화된다.

실제 눈 덮인 산 속에서 조난당한 상황에서 체온유지를 위해 만들었던 집이 바로 「생존 최강 달인: 혹한기 편」에서 보여주었던 '달팽이집'이다. 달팽이집은 어떤 책에서 보거나 인터넷을 보고 착안한 것이 아니라 당시 환경과 가용한 재료, 지형, 이외 모든 지식을 동원하여 만든, 살고 싶어서 발버둥 친 결과다. 그렇다. 쉘터는 원칙은 있지만, 구조와 재료는 환경에 따라 응용하여 필요와 효율에 의해 만들어져야 한다.

극단적으로 말하면 체온유지가 굳이 필요 없다면 쉘터를 만들지 않아도 된다. 체온손실 우려만 없다면 바닥에 그냥 자도 무방하다. 쉘터를 만들기 위해 들어가는 시간과 노력을 아끼는 만큼 체력을 아낄 수 있다. 궁극적으로 물, 불, 쉘터 그리고 더 나아가 식량이 필요한 이유는 체력을 유지하기 위해서다. 따라서 달인은 생존의 3대 요소에 쉘터를 포함하기는 하지만, 절대적인 요소는 아니라고 말하고 싶다.

우리나라에서 조난당하면 늦어도 3일 이내에 여러분이 있는 곳으로 구조대가 도착한다. 그때까지 버티면 된다. 기본적으로 물 없이는 3일, 음식 없이는 3주 정도 버틸 수 있다. 두려워하지 말고 자신의 체력과 멘탈을 유지하도록 노력하자.

도구 없이 쉘터 만드는 법

어떤 도구나 장비도 없는 상태에서 조난당할 경우 사용할 수 있는 쉘터이다.

01 짧은 가지 하나, 비슷한 길이의 Y가지 하나, 그리고 자기 키의 1.5배 정도 길이의 긴 가지 하나를 준비한다.

02 Y자 짧은 가지에 다른 짧은 가지를 얹고, 위에 가장 긴 가지를 올리면 별도의 지지대 없이 균형이 잡힌다.

03 세 가지의 교차점에 나무줄기나 뿌리를 이용하여 묶는다.

04 가장 긴 가지 중심으로 좌우에 사람 인(人)자 형태로 지붕이 될 가지들을 서로 엇갈려 받쳐 주게 놓는다.

05 세 가지의 교차점에 나무줄기나 뿌리를 이용하여 묶는다.

06 좌우에 추가한 뼈대 아래에 굵은 나무를 눌러, 바람유입을 막고 뼈대의 견고함을 높인다.

07 긴 나무들을 얹는다. 나무의 무게하중으로 집의 구조는 더욱 견고해지고, 나뭇잎을 얹기 좋아진다.

08 주변의 나뭇잎을 아래부터 쌓아 올린다. 지붕까지 안정되게 덮을 수 있다.

09 완성된 모습이다.

10 내부 모습이다. 바닥에 체온을 빼앗길 우려가 있다면, 나뭇잎이나 갈대 등으로 매트를 만들어주는 것도 좋다.

11 입구가 작아야 가방이나 작은 물체로도 쉽게 입구를 막아, 바람과 추위를 막을 수 있다.

12 7월 17일에 만들고, 8월 8일에 확인한 쉘터 모습이다. 그 사이 폭우와 날씨변화가 심했으나, 입구만 무너졌을 뿐 여전히 쉘터 기능을 유지할 만큼 튼튼하다.

린투lean to 쉘터 만드는 법: 타프 혹은 판쵸우의

사각 타프나 판쵸우의는 좋은 그늘막이 되기도 하고, 텐트 및 해먹으로 변신할 수 있어 자연재료가 없는 상태에서는 최고의 쉘터 재료이다.
린투쉘터는 말 그대로 'lean to', 경사지게 기울여서 만드는 쉘터로 설치가 간단하다. 반면 방풍에 취약하여 여름에 사용하면 좋다.

01 나무 사이 자신의 배나 가슴 정도 높이에 나무를 거치한다. 쉘터 내에 앉았을 때 머리가 거치대보다 낮아 쉘터에서의 움직임이 불편하지 않다. 거치대로 쓸 긴 나무가 없으면 끈으로 연결해도 무방하다.

02 나무를 거치할 때 끈으로 묶지 않는다. 끈은 아낄수록 좋다. Y자 가지나 굵은 1자 나무를 이용하여 거치대를 나무기둥에 놓는다.

03 판쵸우의 모퉁이에 줄을 연결하고, 나무기둥과 거치대, 지지대를 모두 감싸서 매듭짓는다. 그러면 줄을 아낄 수 있다.

04 말뚝을 박은 곳은 타프로 감싸서 매어줘도 좋다.

05 반대편 타프나 판쵸우의 귀퉁이의 아이랫(구멍)에 직접 팩을 박으면, 아이랫이 손상되고 쉽게 뽑힐 수 있다. 나무팩이 박히지 않는 위치라면, 별도의 줄을 연결하여 나무 팩의 위치를 조절한다.

나무팩이나 연결 부분에 나무를 얹어놓으면, 바람에 날려 뽑힐 염려도 없고 판쵸우의 아래 공간이 뜨는 것을 막을 수 있다.

06 긴 나무나 흙을 이용하여 판쵸우의 아랫부분을 덮는다.

07 통풍이 좋으며, 그늘이 필요한 더운 계절에 어울리는 방식이다.

08 배나 가슴 위치에 거치대를 맞추면, 앉고 눕는 데 불편함이 없다. 만약 아랫부분에 긴 나무나 흙을 덮어주지 않으면 공간이 떠서 펄럭인다.

09 지지대의 기울기를 낮추면 몸과 밀착되어 체온유지에 좀 더 효율적인 환절기용 쉘터가 된다. 이 상태에서 앞쪽에 불을 피우면, 쉘터 내부까지 전달된 열이 타프에 반사되어 온기를 효과적으로 유지할 수 있다.

3장 필수 서바이벌 기술: 쉘터

TBC 별주부전, 「생존의 법칙」에서 생존 초보 주부들이 만들었던 린투쉘터

10 만약 지지할 기둥도 없고 바닥의 습기가 우려된다면, 지지대를 세운 후 로프로 엮어 지붕의 프레임을 만들고 위에 나뭇가지나 풀을 올리면 기본적인 방수가 가능하다. 쉘터는 구조에 대한 기본 원칙을 이해하면, 얼마든지 환경에 따라 응용이 가능하다.

달인의 팁:

여름에도 얼어 죽을 수 있다. 한여름에도 산 속의 밤은 영상 15도 이하로 떨어질 수 있다. 인체 주변 온도가 15도 이하가 되면 내 신체의 체온손실이 일어나기 시작해 저체온증에 빠질 수 있다. 실제로 8월 말 낮 기온이 38도까지 측정된 장소에서 새벽 온도는 15까지 떨어져, TBC '별주부전', 「생존의 법칙」에 출연한 주부들은 파카를 껴입고도 불을 피워야 잠을 잘 수 있을 정도였다. 이런 현상은 정글에서도 마찬가지였다. 정글의 밤이 얼마나 추운지 겪어본 사람만이 알 것이다. 따라서 여름에도 늘 긴 옷을 챙기는 습관을 가져야 하고 어떤 계절이든 보온대책을 마련해야 한다.

타프텐트 만드는 법

먼저 1번과 2번에 나무팩을 박고, 귀퉁이를 안으로 접어 넣는다. 3번과 4번에 팩을 박는다

01 타프를 가로로 펼치고, 가상으로 4등분 한다. 그리고 뒤쪽에서 1/3 지점도 체크한다.

3장 필수 서바이벌 기술: 쉘터　　　　　　　　　　　　　　　　　　　　147

안으로 접은 부분　　　　　　　　　안으로 접은 부분

고정하는 지점에 따라 입구의 크기가 달라진다

02 2개의 지지대를 이용하여 앞쪽 중앙지점을 잡아 들어 올리고 묶는다.

03 지지대의 교차지점에 줄을 연결하여 지면에 고정하면, 팽팽하게 텐트가 지지된다.

달인의 팁:

별도의 아이렛이나 고리가 없으면 다음과 같이 한다.

둥근 돌이나 솔방울을 넣고,

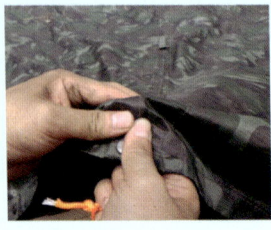

올가미 매듭으로 조이면 연결고리가 만들어진다.

3장 필수 서바이벌 기술: 쉘터   149

반대쪽 줄은 보우라인 매듭이나,
두줄 8자고리 매듭으로 고리를
만들면 이후 연결하기 편하다.

별도의 아이랫이나 고리가 없는 타프나, 더 안정된 고정을 위해 연결지점을
만들고자 할 때 사용하면 매우 유용한 캠핑기술이다.

나무 팩이 박힌 안쪽으로 나
뭇가지를 올려야 팩을 지지하
는 역할을 할 수 있다

04 타프와 팩 사이에 나뭇가지를 이용하여 덮는다.

05 완성된 모습이다.

달인의 팁:

두꺼운 옷을 하나 입는 것보다, 얇은 옷을 여러 개 입는 것이 체온 유지에 더 효과적이다. 왜냐하면 옷 사이의 공간이 각 각의 공기층을 만들어주기 때문에 단열효과가 높다. 그리고 면 재질보다는 혼방이나 기능성 옷을 여러 겹 껴입는 것이 좋다. 따라서 계절과 관계없이 여벌의 옷을 챙기는 것은 중요한 생존 기술이다.

A프레임 쉘터 만드는 법

상당히 견고한 구조의 쉘터로, 다양하게 변형할 수 있다. 충분한 도구와 끈이 있을 때 만드는 쉘터이기 때문에, 롱텀서바이벌의 표준 쉘터다. 침대를 만들 수도, 해먹을 연결할 수도, 벤치 또는 식탁으로도 사용할 수도 있다. 젖은 바닥이든, 울퉁불퉁한 바닥이든, 눈 위든, 바닥상태와 관계없이 잠자리 공간을 확보할 수 있고, 기어 다니는 벌레나 뱀으로부터 보호받을 수 있다.

01 총 9개의 긴 나무를 준비한다.

02 A프레임 쉘터는 순서가 중요하다. 순서를 알면 혼자서도 쉽게 만들 수 있다. 먼저 A형 지지대 2개를 엮고 그 위에 가장 긴 지지대를 놓는다.

지지대의 한 부분을 길게 빼놓아야 다른 나무에 연결하기 좋다

03 세 지지대를 모두 엮어준다. 이처럼 조립한 상태에서 묶인 지지대 귀퉁이를 다른 기둥이나 나무에 묶어두면 흔들림 없이 나머지 나무들을 쉽게 조립할 수 있다.

3장 필수 서바이벌 기술: 쉘터   153

04 긴 지지대는 나무나 기둥에 묶어둘 수 있게 충분히 길어야 하고, 한쪽만 묶어놓아도 프레임이 뒤틀리거나 흔들리지 않는다.

05 긴 가로 지지대를 A프레임 안쪽에 위치하게 묶는다.

〈그물침대〉

06 양쪽 가로 지지대에 어떤 재료를 얹어 놓느냐에 따라 다양하게 활용할 수 있다.

〈판쵸우의 침대〉

07 판쵸우의 침대는 응급 들것 및 침대 만드는 법 2(435쪽)를 참조하면 된다.

그물침대 만드는 법: A프레임 쉘터 응용

파라코드나 보조자일을 활용하여 그물침대를 만드는 방법이다. 줄을 자르지 않고 만들 수 있기 때문에 로프의 손실이 없다.

01 한쪽에 매듭을 확실히 짓고 시작한다.

02 반대쪽 지지대를 위에서 아래로 감고, 가까운 지지대 위로 오게 한다.

03 일정한 간격으로 반복하여 감는다. 별도로 매듭을 지을 필요가 없다.

04 상단 지지대를 잡고, 엉덩이를 먼저 얹은 후 올라간다.

05 타프나 판쵸우의로 뒤쪽을 막고, 앞쪽에 그늘막을 만들어도 좋다. 타프가 없으면 A프레임에 지지대를 따라 촘촘히 나무를 쌓고, 위에 나뭇잎을 덮어도 좋다.

해먹 만드는 법

판쵸우의나 타프, 또는 담요를 이용하여 가장 쉽고 편한 구조의 잠자리를 만드는 방법이다. 나무에 걸지 않아도 자체로 침낭의 역할을 할 수 있어서, 재료나 기둥의 유무에 구애받지 않는 전천후 서바이벌 쉘터이다.

01 고리 2개를 만든다. 길이는 30cm 정도면 된다.

02 타프의 끝단을 부채 만들 듯이 접는다.

03 부채모양으로 접은 타프 10cm 정도 위에 고리를 올려놓는다.

04 타프를 접어 줄을 덮는다.

05 긴 쪽 고리를 잡고 반대로 넘겨 한 바퀴 감는다.

06 감아올린 고리를 감은 줄 사이로 통과한다.

07 반대쪽 짧은 줄을 방금 통과한 고리 사이로 통과한다.

08 길게 잡아 빼며 매듭을 조여간다.

09 통과한 고리를 잡아 다시 당기며 매듭을 더욱 조인다.

10 고리를 당겨 타프를 조인 후, 느슨해진 끈을 오른손에 잡힌 줄로 잡아당겨 더 조인다. 몇 번 반복하여 매우 팽팽하게 타프를 조인다.

11 완전히 한쪽 고리가 보이지 않을 정도로 조인다.

3장 필수 서바이벌 기술: 쉘터 163

12 다른 한쪽도 같은 과정을 거치면 해먹이 완성된다.

달인의 팁:

만들어진 해먹을 나무에 걸지 않고, 바로 침낭으로 사용할 수 있다.

실제 무인도에서 사용한 잠자리 방식이다. 타프 외 재료도 필요 없고 보온과 방수, 방풍이 한꺼번에 처리되는 최고의 쉘터. 한 번 만들어 놓고, 누울 장소만 있다면 즉시 잠자리가 될 수 있다.

13 나무에 연결할 줄 끝에 올가미 매듭으로 굵은 가지를 묶는다.

14 타프에 만들어 놓은 고리로 나뭇가지를 통과시켜 잡아당긴다. 설치와 해체가 편하기 때문에 나무를 이용한다.

15 해먹과 연결된 상태에서 짧은 줄은 왼손, 긴 줄은 오른손으로 잡는다.

> **달인의 팁:**
>
> 나무에 해먹 줄을 연결하는 매듭은 상당히 중요하다. 어설프게 하면 체중을 버티지 못하고 줄이 처진다. 따라서 이 매듭법을 잘 기억해야 한다. 해먹뿐만 아니라 줄이 나무에서 미끄러지지 않게 하고, 강한 텐션을 유지하기 때문에 활용법이 다양하다. 달인은 이름을 몰라서 그냥 '해먹 매듭'이라 부른다.

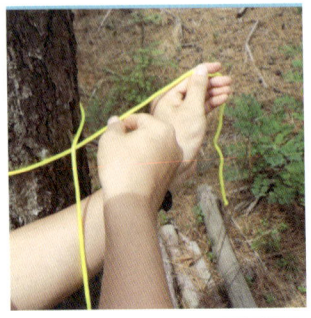

16 짧은 줄은 긴 줄 아래로 통과한다.

양쪽 모두 두 줄이 만들어지고, 칸격이 있어야 한다

돌아 나온 짧은 줄이 위에 있어야 한다.

17 다시 한 바퀴 감는다.

18 오른쪽에 만들어진 두 줄 사이로 짧은 줄을 빼낸다.

19 양쪽에 두 줄씩 만들어져야 한다. 이 두 줄이 나무와 강한 마찰을 일으켜 줄이 아래로 처지지 않게 한다.

20 자투리 줄은 시베리안 매듭 방식으로 마무리한다.

21 한쪽을 연결하고, 반대쪽도 해먹 매듭을 하며 장력을 조절한다. 파라코드처럼 늘어나는 줄을 사용하면, 자신의 가슴보다 높게 매달아야 누웠을 때 엉덩이가 땅에 닿지 않는다. 그렇지 않으면 나일론 타프 재질의 늘어지는 성향과 맞물려 상당히 처진다.

22 해먹에 오를 때는 항상 엉덩이를 먼저 안착해야 뒤집어지지 않고 안전하게 누울 수 있다.

23 해체와 휴대가 쉬워 어떤 환경에서도 바로 잠자리를 만들 수 있다.

달팽이집 만드는 법

실제 조난 상황에서 사용한 쉘터이다. 「생존 최강 달인: 혹한기 편」에서 선보이기도 했다. 잎이 무성한 소나무를 기둥 삼아 입구를 돌려 바람이 직접 들어올 수 없는 구조로 만들고 방풍벽을 설치한 것이 특징이다.

큰 소나무를 기둥으로 선택한 이유는 눈이 직접 쉘터 위로 떨어지는 것을 막고, 나무 자체가 기둥이 되기 때문에 기둥 중심으로 가지들을 엮기 좋아 매듭이 필요 없어 로프의 낭비가 없기 때문이다.

01 소나무를 기둥 삼아 작은 가지들을 얼기설기 엮고, 위를 눈과 뒤엉킨 낙엽과 눈을 덮어 방풍 작업을 한다.

3장 필수 서바이벌 기술: 쉘터

02 입구와 잠자리는 반대방향에 위치하게 하여, 직접 바람이 잠자리로 들어오지 못하게 빙~ 돌려놓는다. 이런 미로 같은 구조 때문에 '달팽이집'이라 부른다.

03 완성 후 입구를 확대한 모습이다.

04 잠자리 내부 모습이다. 바닥은 직접 체온을 뺏기지 않게, 마른 갈댓잎과 솔잎을 깔아 바닥의 한기를 차단하고 약간의 쿠션을 얻게 한다.

05 머리 쪽에는 돌로 만든 난로를 두고 지속하여 불을 피울 수 있게 만든다. 연기가 쉽게 빠져나가게 환풍구를 만들었기 때문에 질식할 우려는 없다. 난로 위 환풍구에는 지붕을 덮지 않아 연기가 잘 배출되게 한다.

06 입구 쪽에는 바람이 들어오지 못하게 앞과 측면에 나무를 이용하여 방풍벽을 만들어 바람의 유입을 최소화한다. 방풍벽 안에는 불을 피워 열기가 입구 쪽으로 들어오게 한다.

07 잠들기 전에는 외부 한기를 차단하고 내부 온기가 빠져나가는 것을 최소화하기 위해 휴식용으로 만든 천 의자로 입구를 막고, 다시 배낭으로 틈새를 막는다. 아무리 조치를 하더라도 절대 깊은 잠을 자면 안 된다. 생존에서는 밤에 버티고, 낮에 자야 한다.

필수 서바이벌 기술:

물

04

생존의 3대 요소 중 달인은 물이 가장 중요하다고 생각한다. 물이 없으면 아무리 쉘터가 좋고, 불이 끊임없이 타올라도 3일 이상을 버티기 어렵다. 세계보건기구가 권장하는 하루 성인의 물 섭취량은 약 1.6리터, 페트병 하나 정도이다. 강이나 계곡에서 고립된 상황을 제외하면 하루에 물 한잔도 마시기 어렵다는 게 달인의 경험이다. 실은 물을 먹지 않고 2일을 버텨보았으나 침이 마르고 목구멍이 따가운 것 외에 큰 문제는 없었다. 아마 채취한 음식물을 통해 수분이 어느 정도 공급되었기 때문이었을 것이다.

호주 사막을 여행하던 한 미국인이 길을 잃고 2주를 방황하다 구조된 사건이 있었다. 자기 발로 직접 구조대 근처까지 걸어갈 정도로 표면상 그리 나쁘지 않은 건강상태였지만, 두 신장은 완전히 기능이 정지되어 회복할 수 없었다고 한다. 인간의 몸은 정말 신비롭고 놀랍다. 위험상황에서 자체적으로 방어기제가 작동하여, 생존에 불필요한 장기를 먼저 셧다운 시켜 생명을 유지한다. 물 없이 3일을 버티지 못한다는 정설을 몸소 깨주었다는 점에서 우리는 큰 교훈을 얻어야 한다. 사람의 인체에 한계는 없다. 내가 살고자 하는 의지가 있다면 내 몸도 그에 맞추어 따라온다. 그래도 물은 꼭 챙겨 먹자.

생존의 달인
한마디,

**"생존 상황에서
 가장 안전한 정수법은
 물을 1분 이상 끓이거나
 증류하는 것이다"**

4장 필수 서바이벌 기술: 물

응급 정수법
01

정수법 1: 천 또는 끈

가장 쉬우며 정수 효과가 가장 낮은 방법이다. 그러나 돌 틈에 스며 나오거나 그릇을 놓기 힘든 위치에서 새어나오는 물의 방향을 바꾸어, 원하는 부분에 물을 모으기에 최적의 방법이다. 「생존 최강 달인: 무인도 편」에서 바위틈으로 흘러가는 물을 그 틈에 파라코드를 꽂아 넣고, 그릇으로 줄을 빼서 모았다.

01 면으로 된 속옷이나 천을 길게 자른다.

02 높은 쪽에는 더러운 물, 낮은 쪽에는 컵이나 그릇을 놓고 연결한다. 걸러진 물의 투명도와 양을 보기 위해 투명 페트병을 썼다.

03 부유물은 가라앉고 수분이 중력에 의해 아래로 내려가 천에 의해 찌꺼기를 걸러 정수가 이루어진다. 물 한잔을 얻으려면 최소 3~4시간은 기다려야 한다.

04 이 방법으로 정수한 물은 반드시 끓여서 마신다. 참고로 액체가 포함된 페트병은 액체가 모두 증발하지 않는 이상 구멍이 나지 않는다.

> **달인의 팁:**
>
> 단순히 찌꺼기만 걸러 먹을 수 있는 1급수라면 굳이 이런 방법을 쓸 필요는 없다. 깨끗한 면이나 양말만으로 거른 후 10분 정도 기다리면 미세찌꺼기들이 침전한다. 가라앉은 찌꺼기가 흐트러지지 않게 조심스레 마시면 된다. 그렇지만 바위틈 사이로 흐르는 물을 모으기에 가장 훌륭한 방법이기 때문에 알아두면 좋다.

정수법 2: 페트병 + 다양한 재료

간단한 구조이며 효율적인 정수 방법이다. 적층식 필터를 이해하면 된다. 높은 부분에는 굵은 재료, 아래로 갈수록 작고 깨끗한 재료를 사용하는 것이 원리다. 역시나 세균은 필터링하지 못하며 찌꺼기만 거르는 수준이다.

01 수질측정기 기준 276ppm의 더러운 물이다. PPM 측정은 물 1kg 속에 오염물질이 몇 mg 포함되었는가를 측정하는 방식이다. 오염도는 측정할 수 있으나 세균과 같은 미생물 여부는 측정하지 못한다. 생수의 측정값은 36ppm이었다.

02 풀, 자갈, 모래, 숯, 천, 페트병을 준비한다.

달인의 팁:

굳이 위 재료에 맞출 필요는 없다. 원리를 생각한다. 위는 거칠고 큰 재료, 아래로 갈수록 곱고 깨끗한 재료를 사용한다. 큰 찌꺼기는 큰 재료가 걸러주고 작은 찌꺼기는 고운 재료가 걸러주기 때문에, 아래로 갈수록 고운 재료나 정수효과가 높은 재료를 넣으면 된다. 맨 마지막에 깨끗한 천을 넣으면 최종 필터링이 된다. 반대로 하면 물이 원활하게 빠지지 않고 넘친다. 가장 큰 문제는 재료다. 필터 재료 자체가 오염되어 있으면 큰 효과를 얻지 못한다.

03 풀 + 자갈 → 모래 → 숯 → 깨끗한 천 순이다.

04 204ppm으로 떨어졌다. 필터링 효과가 있긴 하다.

05 특별한 재료 없이 깨끗한 천으로만 필터링한 경우는 125ppm이다. 이처럼 필터로 사용하는 재료가 더러우면, 오염도 역전 현상이 생길 수 있다. 아래의 QR코드를 스캔하면 차이를 확인할 수 있다.

달인의 팁:

의아하지 않은가? 여러 필터 재료를 사용한 것보다 천만으로 필터한 물이 더 깨끗하다. 이유는 필터로 사용하는 재료가 더러우면 '기존 물의 오염물질 + 필터 재료 속의 오염물질'이 되어 정수효과가 떨어지는 것이다.

필터 재료가 많았던 물이나, 천 하나만으로 거른 물이나 바로 먹을 수 없다. 겉으로는 조금 깨끗해졌을지 모르나 세균이나 박테리아를 거르지는 못한다. 1분 이상 끓이는 것이 가장 안전한 정수법이다. 찌꺼기는 좀 먹어도 되지만 병원균은 절대 먹어서는 안 된다. 너무 복잡한 구조의 필터를 만드느라 고생하지 말고, 급하면 깨끗한 천에 한 번 거르고 끓이는 것이 가장 좋은 방법이다. 달인은 통상 두건으로 한 번 거른 후 끓여 먹는다.

만약 간이 정수 필터를 만든다면 다른 재료보다 숯을 많이 사용하는게 좋다. 숯은 탁월한 찌꺼기 제거 효과가 있다. 숯을 잘게 부술수록 표면적이 넓어져 오염수를 걸러내는 양이 많다. 숯과 깨끗한 천만 있어도 정수효과는 탁월하다.

태양의 자외선은 천연 살균제다. 태양의 자외선은 물속의 수인성 병균 및 박테리아의 세포벽을 파괴한다. 2리터 페트병을 볕이 잘 드는 곳에 5~6시간 정도 놔두기만 하면 된다. 시중에서 별도의 아쿠아탭스 같은 정수약은 병원균이나 박테리아, 기생충알들을 99.9% 없애주어 안전하게 물을 마실 수 있다. 또한 라이프스트로우와 같은 휴대용 필터를 이용하는 것도 좋은 방법이다.

가정에서도 쉬운 화학적 정수방법이 있다. 화학적 정수에 들어가는 필수 요소가 염소나 요오드라는 것을 알면 쉽게 이해된다.

일명 빨간약 '요오드' 용액을 사용한다. 2% 요오드 용액은 물 1리터에 5방울을 떨어뜨린 뒤 30분 정도, 10% 요오드 용액은 물 1리터에 8방울을 넣고 30분 정도 기다린다. 차가운 물(25도 미만)은 1시간 정도 기다리면 되는데 물 온도에 따라 시간은 다소 탄력적이다. 소독약 맛이 나야 정상이다. 의아스럽겠지만 정수 살균에서는 2%짜리가 더 효과적이라 용액의 방울 수가 적은 것이니 혼란스러워하지 않아도 된다.

2% 요오드는 정확하게 표현하면 'Tincture of iodine 2%', '요오드(아이오딘) 팅크', 일본식 한자 '옥도정기', 일명 빨간약, 빨간색의 일본어 '아까'와 정기의 발음을 붙여만든 말인 '아까진끼'가 바로 그것이다. 포비돈 요오드 10%와는 성분이 조금 다르다. 2% 요오드는 요오드와 알콜, 10% 요오드는 요오드와 포비돈의 화학적 배합물이다.

중요한 것은 요오드 정수방법을 임산부나 갑상선 질병을 앓고 있는 사람은 오히려 건강이 위험할 수 있기 때문에 사용해서는 안 된다.

또한 락스(염소표백제)도 좋다. 소금에서 추출한 치아염소산나트륨(NaOCl)이 핵심이다. 수영장에서 살균제로 사용하기도 한다. 제품포장에 명시되어 있는데, 농도는 최소 5% 이상이어야 효과가 좋다. 통상 업소용이 다른 첨가물은 없고 농도가 높아 좋다. 물 1리터에 4방울을 넣고 30분 정도 기다리면 된다. 찬물의 경우는 1시간 정도 기다린다. 이후 락스 냄새가 나는지 확인한다. 냄새가 나면 살균 효과가 있는 것이다. 그렇지 않다면 락스가 균을 죽이기에 부족하다는 의미이므로 4~5방울을 더 넣고 기다린다. 그래도 냄새가 안 나면 마시지 않아야 한다. 균이 너무 많아 정수가 실패했다는 의미이다.

화학적 정수법은 기다리는 것이 중요하다. 화학물질이 균을 죽이는 충분한 시간을 주어야 한다. 그리고 탁한 물은 현재 양에 두 배를 더 넣어주거나 기다리는 시간을 두 배로 늘린다. 한 방울은 스포이트 사용 기준이지만, 실전에서는 나무젓가락 크기의 가지를 용액에 담근 후 떨어지는 방울을 세면 된다.

정수법 3: 빨대 혹은 의료용 라텍스 튜브를 이용한 증류

달인이 오염도가 높은 물이나 바닷물을 정수하는데, 가장 이상적이라고 생각하는 정수법이다. 과정이 복잡하고 노력보다 만들어지는 물의 양이 적지만, 가장 확실하고 안전한 방법이다. 다른 정수법과 달리 빨대나 의료용 라텍스 튜브가 필요하다.

01 1~2m 정도의 길이에 내경이 넓은 라텍스 튜브를 준비한다. 달인은 라텍스 튜브를 지혈대로 쓸 수 있고, 작살 및 새총 등에도 사용할 수 있어 늘 휴대한다.

02 주운 페트병에 오수나 해수를 담아 경사지게 놓은 후 아랫부분을 넓게 판다. 이 부분이 불을 지필 장소이다.

증기가 냉각되어 튜브를 타고 용기로 이동하는 경로

03 페트병에서 물을 담아둘 그릇까지 라텍스 튜브의 동선을 따라 약간 둔덕을 만든다

04 증류 준비와 증기의 냉각 동선을 마무리하면, 페트병 뚜껑에 라텍스 튜브가 딱 맞게 들어갈 정도의 구멍을 나무 숯으로 뚫는다.

05 만들어진 구멍에 라텍스 튜브를 연결한다.

06 증기는 압력이 상당하여, 뚜껑과 튜브 사이로 샐 수 있다. 새는 만큼 증류의 효율이 떨어지기 때문에 연결 부분을 밀봉하는 것이 가장 중요한 기술이다. 먼저 천으로 뚜껑과 튜브를 강하게 감싼다.

07 모래나 흙을 덮어 완전히 밀봉한다.

튜브의 상단 부분을 젖은 천으로 감싸면, 증기의 냉각을 촉진하여 물방울이 금새 만들어진다.

08 페트병 아래쪽에 불을 피워 내부의 물이 끓을 때까지 세기를 유지한다.

09 2분 이내에 튜브를 타고 그릇 속으로 물이 모이기 시작한다.

정수법 4: 비닐을 이용한 증류

비닐을 이용한 증류로도 해수를 담수로 바꿀 수 있다. 구덩이를 될 수 있으면 넓고 깊이는 팔꿈치 정도까지 파서 해수를 가득 부은 다음 떨어지는 물방울을 담기 위한 그릇을 중앙에 놓는다. 해수를 머금은 흙이나 모래에서 수분이 증발한다. 비닐이 더 여유있다면 바닥에도 깔아 구덩이에 물이 고여있게 하면 물을 더 확보할 수 있다. 구덩이를 비닐로 덮고 주변을 흙이나 모래로 밀봉한 후, 비닐 중앙에 돌을 올려놓는다. 돌은 비닐 안에 놓인 그릇과 일직선 상에 놓이게 한다.

태양열에 증발된 수증기가 비닐 내부에 맺히고 물방울이 되어 기울어진 비닐의 경사면을 타고 아래에 놓인 그릇에 떨어진다. 겨울에도 비닐하우스에 들어가면 안쪽에 맺힌 물방울들이 머리 위로 똑똑 떨어지는 것과 같은 원리다.

태양의 강도가 강할수록 효과가 크다. 흐린 날에는 물 구경하기 어렵다. 물 한 모금을 얻는 데 하루 꼬박 걸린다. 따라서 달인은 바다에 가면 라텍스 튜브를 꼭 챙긴다. 페트병이야 우리나라 어디를 가든 해변에서 쉽게 얻을 수 있다. 페트병을 쉽게 얻는 환경. 웃어야 할지 울어야 할지 모를 일이다.

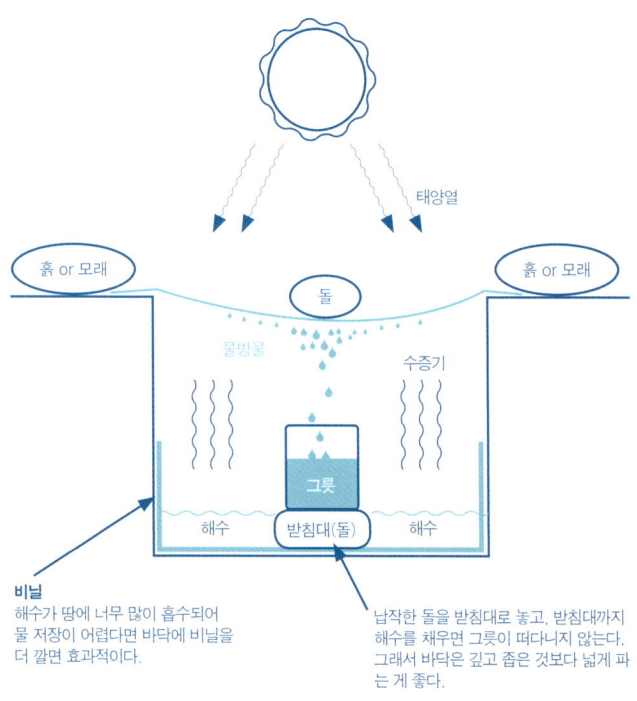

비닐
해수가 땅에 너무 많이 흡수되어 물 저장이 어렵다면 바닥에 비닐을 더 깔면 효과적이다.

납작한 돌을 받침대로 놓고, 받침대까지 해수를 채우면 그릇이 떠다니지 않는다. 그래서 바닥은 깊고 좁은 것보다 넓게 파는 게 좋다.

물 모으는 법
02

식물의 증산작용을 이용하는 법

식물은 낮에 광합성하는 과정에 산소와 증기를 배출한다. 이 증기를 봉지에 가두면 물이 된다. 앞장에서 설명한 증류법과 유사하다. 화력은 태양 빛이고, 페트병은 식물이라는 게 다를 뿐이다. 봉지가 투명할수록, 태양이 강할수록, 식물의 잎이 많고 클수록 모이는 물의 양이 많다.

오전 9시에 남향으로 뻗은 활엽수를 대상으로 물을 모으는 것이 좋다.

01 일단 낙엽에 붙은 벌레나 오염물질을 털어낸다.

02 조심스레 잎을 모으고, 봉지나 비닐을 이용하여 감싼다.

03 앞서 설명한 증류법과 마찬가지로 밀봉이 중요하다. 밀봉이 잘 안 되면 증기가 다 빠져나가 물 구경을 할 수 없다.

04 밀봉한 매듭 부분이 위쪽, 나머지 부분이 아래쪽으로 향할 수 있게 돌이나 나무팩을 이용하여 고정한다. 그래야 물이 봉지 아래로 모인다.

05 세 시간 정도 지나면 물방울이 많이 맺힌다.

06 물방울을 털어내면 아래쪽에 물이 모인다. 별도의 정수과정 없이 바로 마셔도 된다. 살아있는 가지의 나뭇잎뿐만 아니라, 여러 종류의 나뭇잎을 따서 봉지 안에 두어도 물을 만들 수 있다. 다만, 나뭇잎 속의 수분을 증발시키다 보니 한 번 사용하면 재활용할 수 없다. 반면, 살아있는 가지의 나뭇잎은 지속하여 사용할 수 있다.

봉지로 빗물 모으는 법

생존 상황에서 빗물은 생명수와 같다. 잘 저장하면 최소 1주일 이상의 식수는 넉넉히 확보할 수 있다. 이때 비닐봉지만 있으면 된다.

01 비닐봉지, 짧은 줄, 질긴 나뭇가지를 준비한다.

02 빗물을 모을 곳에 나무창을 만들어서 땅을 판다.

4장 필수 서바이벌 기술: 물

03 봉지가 들어갈 만큼의 공간을 만든다.

04 나뭇가지를 휘어 둥그런 테두리를 만들어 묶는다.

05 봉지를 테두리 안쪽에 넣고 입구를 벌려 테두리를 감싼다.

06 테두리 밖으로 봉지를 만다.

07 어느 정도 말고, 내부를 툭툭 치며 테두리와 내부 모양을 그릇으로 만든다.

08 미리 파놓았던 구덩이에 올린다. 볼품없더라도 물이 봉지 내로 차 들어갈수록 무게에 의해 모양이 만들어진다. 구덩이 자체가 곧 그릇다. 옆은 테두리, 아래는 구덩이가 받치고 있어 물의 무게에 의해 찢어질 염려가 없다.

09 마트용 작은 봉지는 약 4리터의 물을 보관할 수 있다. 즉, 비닐봉지는 세탁물을 보관하고, 물을 만들며, 모을 수도 있는 생존 도구이다. 또한 부력 도구로도 사용할 수 있다.

이슬 모으는 법

1. 이동하며 모으는 법

이슬은 바로 마셔도 될 정도의 깨끗한 물이다. 면 재질의 천을 정강이에 묶으면 된다. 풀밭을 10~20분 정도 다니면 천에 물이 스며들어 있다.

01 소모되는 에너지에 비해 모을 수 있는 물의 양은 적다. 다른 곳으로 이동하며 물을 모으는 방법으로 좋다.

2. 깃발을 만들어 모으는 법

한 곳에 머물며 이미 비가 내린 상태 또는 새벽에 이슬로 물을 얻을 때 효과적이다. 긴 막대기와 면으로 된 천, 물을 담을 그릇이 필요하다.

01 긴 막대기와 면으로 된 천, 물을 담을 그릇을 준비한다. 면으로 된 천은 클수록 좋고, 사각 수건이 없으면 T셔트도 좋다.

02 긴 막대에 천을 깃발처럼 견고하게 묶는다. 그리고 나무에 돌돌 만다.

03 천을 나무에 만 상태로 이슬이 있는 풀들 사이로 휘젓는다. 천을 펴면 가지에 걸려 훑기 어렵다.

04 천을 쥐어짜면 상당한 양의 물을 얻을 수 있다. 발에 천을 묶는 것보다 훨씬 에너지 소모가 적다.

달인의 팁: 오줌은 마셔도 되나요?

도저히 물을 구할 수 없는 상황이라면, 자신의 오줌을 마셔야 할 수도 있다. 달인은 호기심 반, 갈증 욕구 해소 반으로 오줌을 마셨었다. 맛은 지금까지 먹어본 어떤 음식과 비교를 거부하는 그냥 오줌 맛이다. 오줌은 색깔이 중요하다. 수분을 충분히 흡수한 상태의 오줌 색은 거의 투명하며, 건강한 상태라는 신호다. 이때 마시는 오줌 맛은 그냥 비린 수준이다. 따끈따끈한 게 아주 먹기 거북하다. 입에 가득 넣고 한꺼번에 삼켜야지 맛을 음미하고자 입에 머금고 있는 순간 입 밖으로 뿜어낼 수밖에 없는 향과 맛을 가졌다. 일단 삼킨 후 목구멍 속에서 올라오는 특유의 향과 맛을 느껴도 늦지 않다.

이 오줌을 먹고 두 번째 나오는 오줌의 색깔은 완전 노란색이었다. 여기서 두 가지 정보를 얻을 수 있다. 첫째, 내 몸에 수분이 많이 부족하다. 둘째, 내 신장에 무리가 가고 있다.

오줌은 사실 혈액을 거른 찌꺼기가 섞인 물이다. 그리 거북한 존재가 아니다. 다만, 배출구가 거북할 뿐이다. 수분이 원활히 공급되면 피의 필터 역할을 하는 신장은 찌꺼기를 잘 걸러 낼 것이다. 혈액을 거른 물인 오줌에는 90% 이상의 수분과 몸에서 완벽히 흡수하지 못한 영양분도 포함되어 있다. 그러나 당뇨병 환자가 아니라면 힘의 원천이 되는 단백질과 포도당은 존재하지 않는다. 대신 요소와 같은 독소도 미량 포함되어있다. 오줌을 너무 거부할 필요는 없지만, 생존 상황에서 추가적인 수분공급 없이 무작정 자신의 오줌을 먹는 행위는 확실히 위험하다. 수분공급이 끊긴 상태에서 이미 내보낸 찌꺼기 물을 다시 섭취하면 신장은 부담을 느끼게 되고 결과적으로 건강에 좋을 리 만무하다.

다시 두 번째 오줌이야기로 돌아가 보자. 첫 번째 오줌을 먹고 추가적인 수분을 섭취하지 못한 상태에서 나온 두 번째 오줌 맛은 바닷물보다 짰다. 양도 처음 오줌의 절반도 안 되었다. 세 번째 오줌은 더 짙은 노란색, 거의 갈색에 가까웠다. 신장에 무리가 가고 있고, 신체에 건강한 피가 돌지 않는다는 의미이다. 즉 건강이 나쁘다는 가장 명확한 경고신호이다. 이런 상태에서는 오줌에 세균이 섞여 나올 수 있다. 게다가 역한 냄새까지 난다면 절대 오줌을 마셔서는 안 된다. 이미 오줌 내에 병원균이나 박테리아가 번식하고 있을 수 있다. 오줌의 고유 암모니아냄새와 또 다른 역한 냄새가 난다. 따라서 오줌은 최대 두 번 정도만 연속으로 먹는 것으로 만족해야 한다.

오줌의 첫 줄기와 마지막 줄기는 버리는 것이 좋다. 첫 줄기는 요로 속의 세균이 같이 나올 수 있기 때문이고, 마지막 줄기는 수압이 약해지며 생식기 주변에 묻어있는 세균이 포함될 수 있기 때문이다. 그리고 받은 즉시 바로 마셔야 한다. 보관하면 세균증식 위험이 있다. 이후에는 어떻게 해서든 수분을 공급해야 생존을 지속할 수 있다.

필수 서바이벌 기술:

불

05

생존 상황에서 불을 만들어 낼 수 있다면 체온, 조리, 안정감을 얻는다.

다만, 상당한 인내와 에너지가 요구된다. 실전에서 빠르게 불을 만들기 위해 평소에 훈련, 특히 근력훈련이 필요하다. 보우드릴처럼 마찰 원리를 기초로 하는 기술은 누르는 힘과 팔의 왕복운동이 중요하여 단련되지 않은 팔힘으로는 금방 피로를 느낀다. 달인은 평소에도 팔 근력을 유지하기 위해 사무실에 운동기구를 두고 틈틈이 근력 운동을 한다.

평소에 아주 쉽게 불을 만들던 방법도 실전에서 실패할 수 있다. 아무리 기술이 뛰어나도 재료의 조건이 충분치 않거나 비가 내리면 끝이다. 따라서 불을 못 피웠을 때도 생각해야 한다. 억지로 불을 만들려다 지쳐 탈진할 수도 있다. 불을 피울 여건이 된다면 먼저 불을 피우고, 집을 짓고, 물을 찾는다. 집을 먼저 지으면 걸리는 시간과 체력 때문에 불을 피울 에너지가 남아있지 않거나, 날이 저물어 재료를 찾기 힘들 수 있어서다. 또한, 불이 있으면 굳이 쉘터가 필요 없다. 불이 주는 온도와 안정감이 어설픈 쉘터보다 몇 배나 포근하다. 아웃도어에서는 저체온증을 예방하기 위해 어떤 재료와 방법이든 대책이 필요하다.

1998년 4월 1일 민주지산에서 천 리 행군 중이던 특전사 여섯 분이 순직하신 사건이 있었다. 4월의 봄임에도 갑작스레 몰아닥친 강풍과 눈보라로 인한 탈진과 저체온증이 원인이었다. 우리나라 최강의 전투력과 체력을 가지셨던 분들이 남긴 교훈을 잊어서는 안 된다. 우리나라 어떤 산에서도 일어날 수 있다. 계절과 관계없이 방풍 및 방습과 땀 배출이 쉬운 재킷은 반드시 챙기고, 가장 확실하고 손쉽게 불을 피우는 방법 하나는 사전에 준비해야 한다. 달인이 강조하고 싶은 불을 만드는 핵심 기술은 바로 '준비'다.

생존의 달인
한마디,

**"더우면
 벗으면 된다.
 추울 때 입을 게
 없다면
 그게 더 문제다"**

불 피우는 법

01

불 피우는 법은 일반 캠핑에서 얻기 쉬운 도구를 이용한 방법에서 장비가 없는 생존 상황에서의 순서로 소개하고자 한다. 이는 난이도 순서이기도 하다.

건전지로 불 피우는 법

생존 상황에서는 건전지로 불을 피워야 한다. 헤드렌턴이나 후레쉬에 있는 건전지를 꺼내서 사용하면 된다. 건전지는 새것일수록, 용량이 클수록 불이 빨리 붙는다. 단, 껌종이 같이 은박지와 종이가 섞인 재질이 있어야 한다.

1. 건전지 1개 사용하는 법

껌 종이나 담배포장 은박지를 이용하며, 종이를 어떻게 찢느냐가 중요하다. 건전지와 껌 종이가 부족할 때 사용한다.

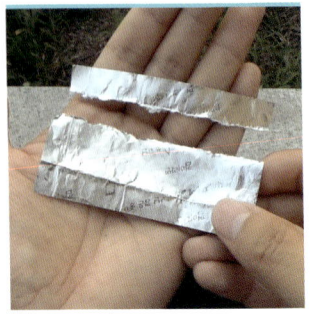

01 껌 종이의 좌우에 기본적으로 접혀 있는 부분 한쪽을 잘라낸다.

02 반으로 접는다.

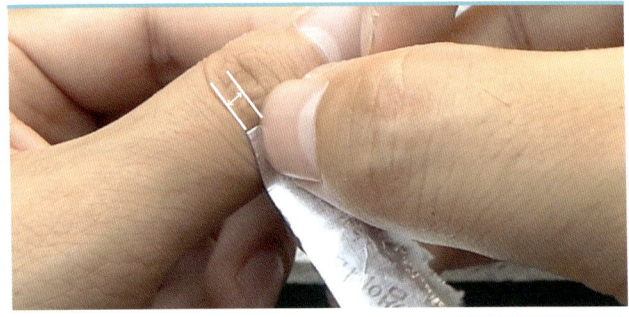

03 엄지손가락 마디의 주름 하나 정도(약 3~4mm)를 재어 손톱으로 체크한다. 대부분 실패하는 이유가 이 부분을 넓게 남겨두기 때문이다. 껌 종이의 두께가 성공과 실패를 좌우하는 요인이다. 실전에서는 자가 없으니 자신의 손가락 주름 길이를 평소에 체크한다.

04 체크된 주름만큼 남겨두고 사선으로 접어 뜯어낸다. 물론 칼이나 가위로 잘라내도 좋다.

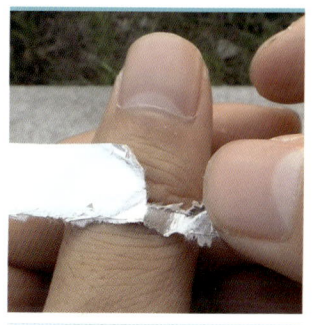

05 엄지 마디의 주름 정도만큼 남아야 불이 붙는다.

06 건전지를 껌 종이 가장자리에 놓고, 반대쪽을 +극에 접지시키고 손가락으로 눌러 버틴다. 이때 은박지 면이 건전지와 맞닿아야 한다. 뒤집히면 안 된다.

07 잘린 부분이 과열되며 불이 붙는다.

2. 건전지 2개 사용하는 법

껌 종이, 건전지 모두 여유가 있을 때 사용한다.

01 껌 종이의 1/3 정도를 잘라낸다.

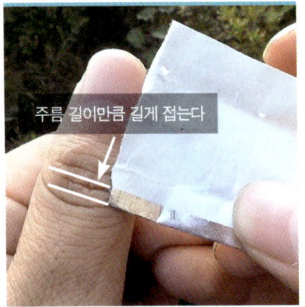

주름 길이만큼 길게 접는다

02 2/3 남은 껌 종이의 끝에 역시 3~4mm 정도의 두께를 체크한다.

03 접은 부분까지 3등분으로 찢는다.

04 접은 부분만 남겨두고 가운데 부분을 뜯는다.

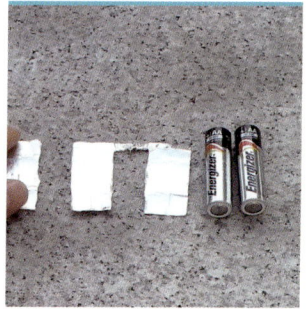

05 이제 건전지 2개를 준비한다.

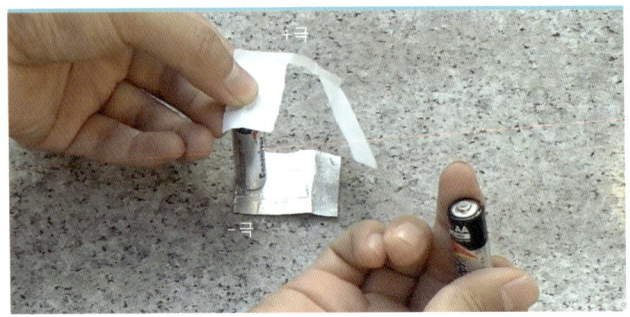

06 작은 껌 종이 위에 건전지 하나를 올려두고, 긴 껌 종이의 한쪽 끝과 접지한다. 이때 은박지 부분이 건전지의 전극과 맞닿아 있어야 한다.

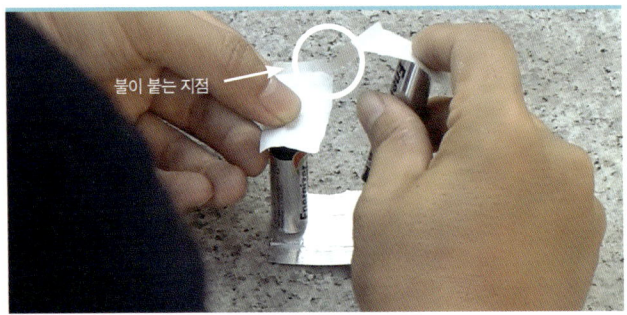

07 이번에는 남은 건전지의 +극이 아래로 향하게 잡고, 껌 종이의 남은 부분에 -극을 접지한 후 눌러서 버틴다. 불이 붙을 때까지 접촉 부분이 상당히 뜨거울 수 있으니 장갑을 끼는 것이 좋다.

08 2초 정도 지나면 좁은 부위에서 연기가 나며 곧 불이 붙는다. 연기만 나고 불이 붙지 않으면 찢어낸 부위의 두께가 두껍기 때문이다. 두께를 더 줄인 후 다시 시도한다. 한 번 사용한 건전지는 식을 때 까지 기다려 다시 사용할 수 있다.

파이어스틸로 불 피우는 법 1: 두 손 사용법

페로세륨이라는 합금으로 이루어진 파이어스틸은 말 그대로 불꽃을 만들어내는 철이다. 날카로운 철로 파이어스틸을 강하게 긁으면 3,000도에 가까운 불꽃이 발생한다. 이 불꽃을 마른 부싯깃이나 차클로스/차로프에 옮기면 불을 얻을 수 있다. 기본적으로 방수가 되며, 물에 젖었더라도 마른 천으로 닦아내면 금방 불꽃이 생긴다. 사용법을 알면 생존에 큰 도움이 되는 도구이다.

01 부싯깃을 먼저 준비한다. 바짝 마를 수록, 밀도가 높을 수록 쉽게 불이 옮겨붙는다. 마른 풀의 경우 둥글게 새집을 만든 뒤 이렇게 비벼주면 좋다.

02 바닥이 습하면 나뭇가지를 깔고 위에 부싯깃을 올린다. 불을 붙이기 전에 땔감을 먼저 준비해둔다. 그래야 불을 빨리 키울 수 있다.

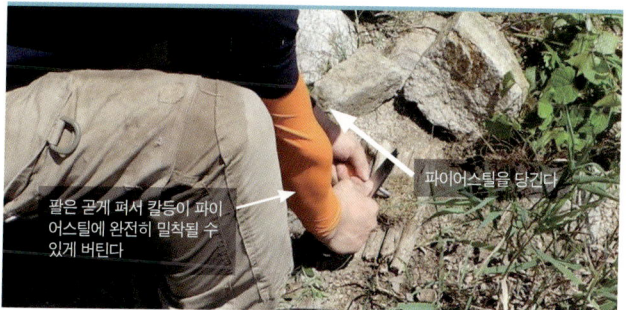

03 부싯깃에 가까이 밀착시키고 파이어스틸을 잡아당긴다. 칼로 밀면 부싯깃을 건드려 불꽃이 집중되지 못한다. 그리고 반복될수록 힘을 주는 엄지 마디에 엄청난 고통을 느낀다.

파이어스틸로 불 피우는 법 2: 한 손 사용법

01 만약 한쪽 손을 다쳤거나, 두 손으로 하다 지칠 경우에 사용하면 좋다. 부싯깃을 먼저 바닥에 놓고, 그 위에 둥글고 긴 가지를 올린다. 굵고 튼튼하면 좋지만 너무 굵으면 부싯깃과 거리가 멀어져 불꽃이 집중되지 않는다.

02 손잡이를 발로 밟아 고정하고, 칼등에 파이어스틸을 밀착하고 대각선으로 잡아당기면 강한 불꽃이 일어난다. 두 손으로 하는 것보다 적은 힘으로 더 많은 불꽃 일으킬 수 있다.

달인의 팁:

어떤 방법이든 파이어스틸이 부싯깃에 불을 만들 만큼 충분한 불꽃이 일어나지 않을 경우, 칼등으로 파이어스틸을 적당한 힘으로 긁어 가루를 충분히 만들어낸 후, 부싯깃위에 모아두고 그 위에 다시 한 번 파이어스틸 불꽃을 튀겨야 한다. 불꽃이 부싯깃에 얹혀있는 파이어스틸 가루에 옮겨붙으면서 연쇄발화가 되기 때문에 더 강하고 뜨거운 열을 만들 수 있다.

단, 바람이 불면 쉽게 날아가 버리니 사전에 충분한 방풍 작업을 하는 것이 좋다. 나이프가 없거나 긁개가 무딘 경우 날카로운 유리조각이나 석영이 많이 포함된 부싯돌 혹은 화강암을 쪼갠 단면으로도 가능하다.

부싯돌로 불피우는 법

부싯돌은 차돌이나 황철석이 좋으나 실전에서 구하기 어렵다. 석영과 옥수 같은 성분이 많이 포함된 돌이라면 충분한 경도가 나온다. 안에 석영이 많이 포함된 화강암도 좋은 대안이다. 석영이 포함된 돌의 특징은 표면이 반투명하다. 흰색, 갈색, 주황색 등 색상은 여러 종류이나 자세히 보면 표면이 반짝거리고 내부가 반투명하다. 이 돌을 쪼개어 사용한다. 바다, 강, 산, 들에서 쉽게 찾을 수 있다.

01 왼쪽은 들에서 찾은 부싯돌이고, 오른쪽은 바닷가에서 찾은 부싯돌이다.

02 돌을 쪼개어 단면을 날카롭게 만든다. 이 면에 철을 내려쳐야 불꽃이 많이 그리고 쉽게 일어난다.

03 미리 부싯깃을 준비한다. 마른 풀을 둥글게 말고 안쪽을 오목하게 만들면 불을 키우기 좋다.

04 부싯돌의 날카로운 단면 위에 차클로스나 차로프를 올려놓고, 탄소강 재질의 나이프 칼등이나 쇠톱처럼 녹스는 재질의 철을 내려친다.

05 차로프나 차클로스에 튕긴 불꽃이 순식간에 숯으로 바뀐다.

06 준비된 부싯깃 안에 넣고 완전히 덮어서 누른다. 반드시 밀착되게 하고, 그 상태에서 아주 강하게 바람을 불어넣는다. 숯이 꺼질까 봐 살살 불지 않는다. 강하게 불어야 숯도 강해지며 쉽게 열이 부싯깃에 전달된다.

07 불이 피어오른다.

차클로스/차로프 만드는 법 1

불꽃에 민감한 부싯깃이 없으면 부싯돌로 불피우는 것은 불가능하다. 부싯돌의 작은 불꽃을 잡아내어 숯으로 확대할 수 있는 부싯깃이 바로 차클로스(탄화면)와 차로프(탄화줄)다. 차(Char)는 숯이 되다는 의미의 영어 단어로써 면 옷과 면 줄을 탄화(炭化)한 것이 바로 차클로스와 차로프다. 만약 면 실내화를 탄화하면 차슈즈가 될 것이다. 파이어스틸의 불꽃도 쉽게 잡아내서 한 번 만들면 상당히 편하게 불을 피워낼 수 있는 부싯깃이므로, 평소에 만들어 놓고 챙겨두면 좋다. 일단 고생하여 불을 피웠으면 반드시 다음을 위해 만들어놓아야 한다. 그것이 달인이 강조하는 준비다.

01 입고 있는 면 티셔츠나 속옷, 면 재질의 줄, 철재 통을 준비한다. 면 재질이면 무엇이든 괜찮고, 밀봉되며 불에 타지 않는 용기면 된다. 구두약 통이나 사탕 통이 계속 사용할 수 있기 때문에 좋다. 임시로 알루미늄호일에 쌀 수도 있다.

달인의 팁:

달인은 면 옷보다 면 로프를 선호한다. 천은 쉽게 부스러지지만, 로프는 면의 밀도가 높아 불씨를 쉽게 잡아내고 아주 강하게 키울 수 있기 때문이다. 애완 가게에서 고양이 면줄을 구매하면 된다. 저렴하고, 불필요하게 면옷을 찢을 필요가 없으며 효과는 더 좋다.

구멍이 너무 작으면 내부 공기 부족으로 덜 타서 갈색이 된다. 덜 탔을 경우 구멍을 더 키운다.

02 밀봉할 철 용기에 칼이나 못을 이용하여 구멍을 뚫는다. 지름 3~5mm 정도면 충분하다.

03 용기에 들어갈 수 있게 자른다.

바닥에서 띄우고, 용기가 기울어지지 않게 하는 받침대

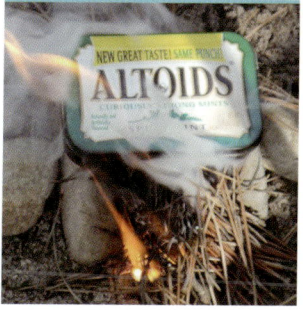

04 납작한 돌들을 이용하여 스토브를 만든다.

05 불을 지피고 용기를 위에 올려놓는다.

06 용기 주변으로 부싯깃을 놓아 사면과 위아래에서 열이 가해지게 한다.

구멍으로 나오는 불기둥이 연기로 바뀜

07 열이 가해지면 내부 면이 타기 시작하며, 구멍 사이로 불기둥이 올라온다. 조금 더 기다린다. 잠시 후 산소부족으로 더는 연소하지 않고 연기로 바뀐다. 그래서 구멍을 작게 뚫어 놓는다. 너무 크면 완전연소되고, 너무 작으면 덜 탄다.

08 불기둥이 연기로 바뀌는 시점부터 더는 불을 지피지 않고 식을 때까지 내버려 둔다.

09 뚜껑을 열어 새까맣게 탄화되어 있다면 성공이다. 갈색은 구멍이 작거나 충분한 연소가 안 되었다는 의미다. 탄화된 색깔로 성공 여부를 확인할 수 있으므로 흰색을 사용하면 좋다.

차클로스/차로프 만드는 법 2: 자연석

자연에서 밀봉된 용기를 구할 수는 없다. 애써 피운 불을 장소를 이동하거나, 다시 피우기는 쉽지 않다. 이때 자연석을 이용하여 탄화하면 된다. 이 방법으로 무인도에서 탄화면을 만들어 장소를 이동하며 불을 피웠다.

01 납작한 돌 4~5개가 필요하다.

02 바닥에 납작한 돌을 깔고 위에 천을 올린다.

03 그 위에 다시 납작한 돌을 올려 밀착한다. 납작한 큰 돌이 없으면 납작한 작은 돌을 여러 개 겹쳐 놓는다.

04 돌 주변으로 불을 붙여 열을 가한다.

05 열에 의해 갈색으로 변한 1차 탄화면을 얻을 수 있다.

06 1차 탄화면 위에 주변의 숯으로 덮는다. 기다리면 면이 완전히 타지 않을 만큼 숯의 열기가 탄화면으로 전달되며 연기가 피어오른다. 불을 지필 경우 완전연소되어 재가 되어버리므로 절대 불을 올려서는 안 된다. 탄화면은 불완전연소가 중요하기 때문이다.

07 연기가 소멸하면 2차 탄화면을 얻을 수 있다. 이것이 완성된 탄화면이다.

보우드릴

가장 원시적인 방법이지만 동서고금을 막론하고 지금까지 검증되어 사용하는 방법이다.

활bow을 만들어 나무에 구멍을 낼 때drilling 발생하는 마찰열로 불을 피운다. 나무끼리 마찰을 일으켜 숯을 만드는 방법 중 재료의 조합을 덜 가리고 에너지 소모가 상대적으로 적어, 마찰열을 사용하는 다른 어떤 방법보다 이 방법을 추천한다. 우리나라에서는 보우드릴만 알고 있으면 충분히 불을 만들 수 있다.

보우드릴의 필수 준비물

1. 파이어보드(베이스보드): 될 수 있으면 소프트우드(연질 목재)

가장 중요하다. 연질 목재는 침엽수, 경질 목재는 활엽수인데, 실전에서는 적용되지 않을 수 있다. 버드나무, 사시나무, 플라타너스, 미루나무, 자작나무 등은 활엽수지만 보우드릴 파이어보드로 사용해도 괜찮다. 우리나라에서 가장 쉽게 구할 수 있는 재료는 역시 소나무다. 집에서 연습할 때는 송판이나 삼나무 목재를 구매하면 좋다.

2. 보우:

커브 형태든, 1자 형태든 좋다. 굳이 활처럼 휘어진 나무일 필요는 없다. 다만, 너무 길거나 무겁지 않아야 한다. 무거우면 에너지 소모가 커 쉽게 힘이 빠진다. 생나무든 마른 나무든 부러지지 않을 정도면 된다.

3. 보우 연결 줄:

면이든 나일론이든 탄성이 없는 줄이어야 한다. 특히 파라코드나 신발 끈이 좋다. 최악의 상황에는 옷을 길게 찢은 다음 꼬아서 사용해도 괜찮다.

4. 스핀들(축):

실전에서는 하드우드(경질 목재)인 아카시아, 산벚나무, 참나무, 단풍나무 등 단단한 목재가 좋다. 그러나 굵기가 일정하고 일직선이 유지된 재료를 구하기는 쉽지 않다. 달인은 일직선에 굵기도 일정한 아카시아 나무를 즐겨 사용한다. 구할 수 없으면 파이어보드와 같은 재질도 무방하다. 야생에서 경질, 연질 목재 따질 여유가 없고 구분도 힘들면 소나무로 통일해도 괜찮다. 단지 힘이 더 필요할 뿐이다.

5. 소켓(손잡이):

원칙적으로 가장 마찰에 강한 재질이어야 한다. 하드우드 재질을 구해 홈을 파거나, 소주잔, 돌, 조개, 숟가락 등 나무가 파고들지 않을 정도로 단단하며 홈이 있는 물질이면 좋다. 달인은 마이카르타라는 마찰이 강한 재질의 나이프 손잡이에 구멍을 만들어 소켓으로 사용한다.

보우드릴 준비하기

01 재료는 상황에 맞게 준비한다. 사진은 파이어보드로 사용할 소나무이다. 반으로 쪼개야 지면과 안정되게 접촉되어 보우드릴 시 흔들리지 않는다.

나무 옹이는 강도가 좋아 쉽게 뚫리지 않는다

02 소켓으로 사용할 주운 나무이다. 산벚나무인 듯하며, 이런 나무는 소켓으로 사용하기 좋다. 특히 옹이 부분은 최고의 위치가 된다.

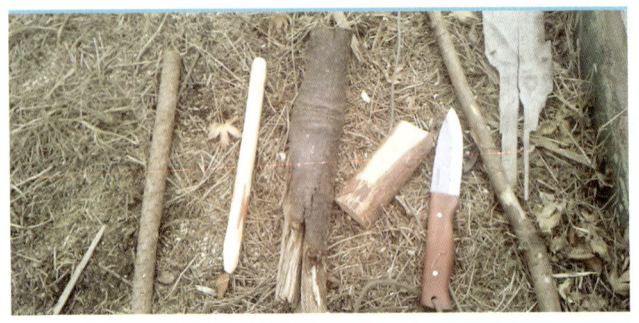

03 준비한 보우드릴 재료이다. 모두 뒷동산에서 쉽게 구할 수 있다. 파이어보드와 스핀들(축)은 소나무, 소켓은 산벚나무를 사용한다. 보우는 마른 소나무 가지, 활줄은 파라코드를 사용한다.

보우드릴로 불피우는 법

- 드릴 할 부분도 평평하게 다듬는다
- 2~3cm 정도
- 아래가 평평해야 드릴 시 흔들리지 않는다

01 파이어보드를 준비한다. 반으로 쪼개거나 나이프로 다듬어 평평하게 한다. 스핀들로 드릴을 할 부분도 납작하게 다듬는다. 두께는 손가락 한 마디 정도가 좋다. 얇으면 충분한 재가 생기기 전에 구멍이 나고, 너무 두꺼우면 재가 떨어지다 식는다.

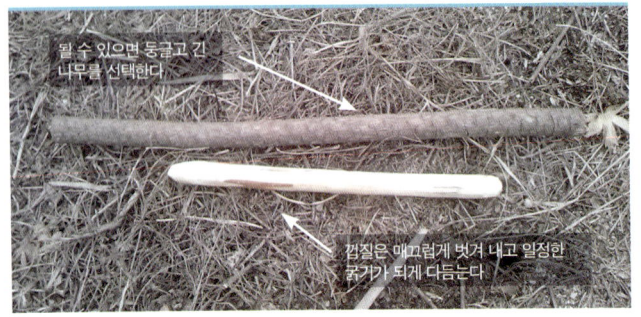

02 **스핀들(축)를 준비한다.** 껍질은 깨끗이 벗기고 최대한 매끄럽게 다듬는다. 그렇지 않으면 드릴 중에 줄과 마찰이 심해져 끊어진다. 길이는 길수록 좋다. 실패하여 다듬다 보면 금방 짧아진다. 가지가 곧지 않으면 회전할 때 진동이 발생하여 회전력도 갉아먹고 재도 튕겨버린다.

달인의 팁:

길이는 중지 끝에서 팔꿈치 사이 중간 길이가 좋다. 너무 짧으면 활의 왕복운동 자세가 힘들고, 너무 길면 체중을 실지 못해 스핀들을 버티는 손목이 아프다. 성인의 새끼손가락부터 엄지손가락 굵기면 다 괜찮다. 너무 굵으면 마찰 면적이 넓어져 힘이 더 들어가고, 너무 얇으면 회전은 잘되지만 마찰 면적이 좁아 충분한 온도의 재가 만들어지기 전에 파이어보드가 깊게 파인다.

03 파이어보드에 드릴링 할 부분을 표시하고 얕은 홈을 만든다. 너무 깊게 팔 필요는 없다. 넓이는 스핀들 두께보다 조금 넓으면 된다.

04 파이어보드의 홈에 맞출 스핀들 아랫부분을 약간 둥글고 뭉툭하게 깎아야 쉽게 자리를 잡고 회전이 원활한다. 소켓과 맞닿는 부분은 길고 뾰족하게 깎아야 소켓과 마찰을 최소화하여 드릴링이 쉽다.

05 보우와 활줄의 한쪽만을 연결한 후, 연결하여 스핀들과 연결해보고 헐렁하지 않게 장력을 조절한다. 절대 헐렁하면 안 된다. 힘이 좀 들어간다 싶을 정도로 팽팽해야 스핀들이 헛돌지 않는다. 상태를 확인한 후 남은 한쪽에 매듭을 한다.

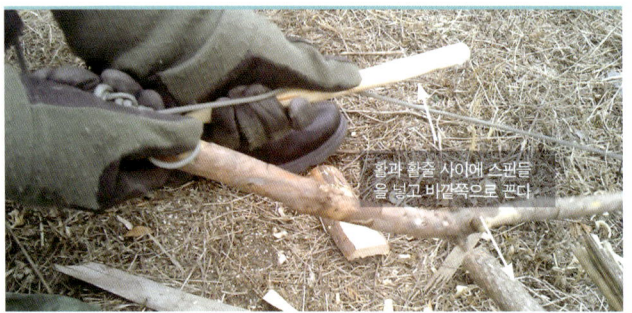

활과 활줄 사이에 스핀들을 넣고 바깥쪽으로 꼰다

06 이제 보우와 스핀들을 연결한다. 스핀들은 보우 안쪽에서 바깥쪽으로 한 번 꼰다.
장갑을 끼면 마찰로 손을 다치지 않는다.

07 발로 파이어보드를 밟고 스핀들 하단 뭉툭한 부분을 파이어보드 홈에 맞춘다.
스핀들의 뾰족한 부분과 소켓을 맞추고 수직으로 눌러 스핀들을 세운다.

홈이 검게 파질 정도면 충분하다

08 보우를 천천히 앞뒤로 움직이며 스핀들과 파이어보드 간의 마찰을 유도한다.
어느 정도 원활히 회전하면 좀 더 빠르게 돌려 1차적인 홈을 만든다. 연기도 나고 파이어보드의 구멍과 스핀들의 색깔이 검다면 현재 조합이 괜찮다는 의미다.

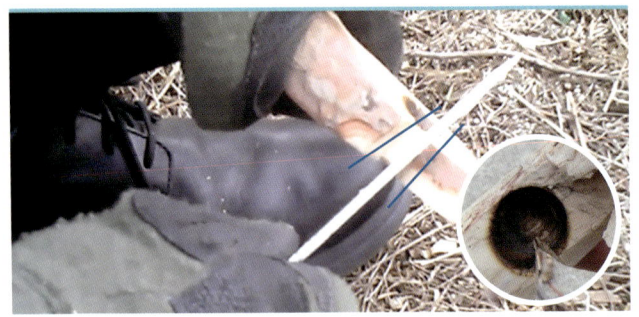

09 만들어진 홈 측면에 칼로 V 또는 ㄷ자 홈을 만든다. 피자 한 판에서 한 조각을 빼먹은 모양이어야 한다. 모양이 좀 나오지 않아도 괜찮다. 중심부까지 홈이 파고 들어가면 재가 좀 더 쉽게 빠진다. 폭이 너무 좁으면 생긴 재가 위쪽에 쌓여 식는다. 너무 넓으면 마찰하는 면적이 줄어 재의 양이 줄어든다. 보드의 두께가 너무 굵으면 재가 떨어지며 식는다.

달인의 팁:

달인은 측면이 사다리꼴처럼 아래쪽이 좀 더 넓은 V홈을 만든다. 재가 잘 빠지기도 하고 안정되게 쌓인다. 같은 너비로 파내도 큰 문제는 없다. 단지 달인의 습관이다.

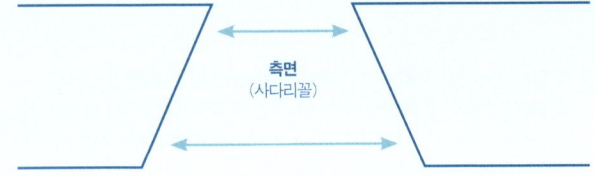

측면
(사다리꼴)

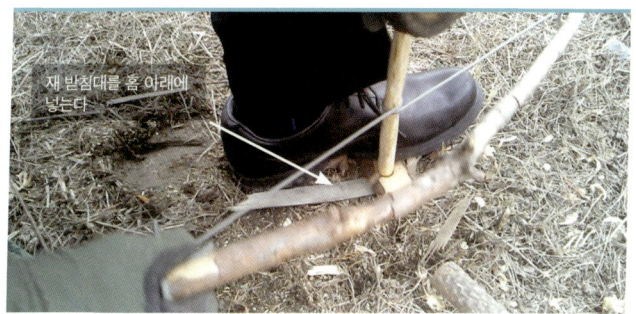

10 **재를 받아줄 받침을 홈 아래에 깐다.** 나뭇잎도 좋고 나무 껍질도 좋다. 이제 본격적인 보우드릴을 시작한다.

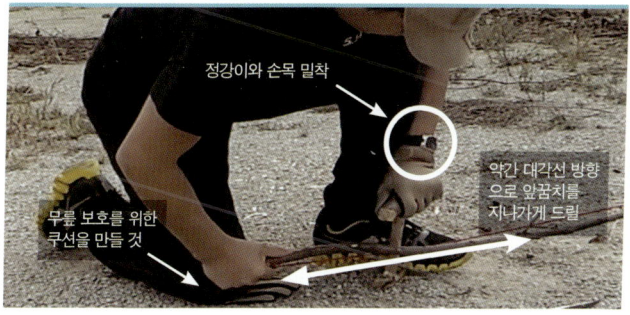

11 **보우드릴 기본자세이다.** 소켓을 누르는 손과 같은 방향의 발로 파이어보드를 밟는다. 소켓을 잡고 있는 손으로 발 정강이를 감싸 안으며 손이 흔들리지 않게 꽉 밀착한다. 반대 발은 무릎을 꿇고 무게중심을 잡는다. 드릴 중 꿇은 무릎이 아프므로 옷을 깔거나 보호대를 착용하면 좋다.

달인의 팁:

처음에는 기름칠을 한다는 느낌으로 천천히 움직인다. 처음부터 소켓을 힘껏 누르면 금방 지치고 회전도 잘 안 된다. 어느 정도 홈과 스핀들이 닳기 시작하고 회전이 부드러워지면 속도를 좀 더 높인다. 연기가 나면 소켓을 강하게 눌러 압력을 증가시킨다. 연기가 더 진하게 올라오면 상체를 숙이고 그때부터 머릿속으로 20초를 센다. 더 강한 압력으로 누르고, 더 빨리 보우를 왕복으로 운동한다. 내 생애에 마지막 20초라 생각하고 속도를 유지해야 한다. 연기가 조금 난다고 멈추면 안 된다.

2명일 경우, 한 사람은 축을 누르고 한 사람은 보우의 한쪽을 잡고 같이 한다. 3명일 경우, 한 사람은 축만 누르고 두 사람은 좌우에서 톱질하듯하면 좀 더 쉽고 빠르게 불을 만들 수 있다.

12 쌓인 재들이 열을 공유하며 내부에 불씨가 생긴다. 회전을 멈추고 기다리면 연기가 조금씩 올라온다. 연기가 계속 피어나는지 기다린다. 잠깐 올라오다 멈추면 다시 시도하고, 계속 연기가 올라오면 공기를 불어넣어 불씨를 더 키운다.

13 파이어보드를 조심스레 톡톡 치면 숯이 재 받침으로 완전히 분리된다. 그러면 준비된 부싯깃에 담는다.

14 부싯깃으로 재를 완전히 감싸고 공기를 강하게 불어 넣는다. 흰 연기가 많이 난다는 것은 공기가 더 필요하다는 의미이자 곧 불이 붙을 것이라는 징후이다.

달인의 팁:

- 만약 드릴링 중에 연기만 나고 모인 재가 갈색이면, 소켓을 누르는 압력이 부족하다. 더 힘껏 누른다.

- 그럼에도 연기만 가득 나고 발생한 재가 고운 갈색이면, 나무의 조합은 문제 없으나 보드에 전달되는 회전력과 압력이 충분치 않다는 의미다. 소켓을 좀 더 강한 재질로 바꿔 압력과 마찰력이 파이어보드 쪽으로 집중되게 한다. 소켓이 무르면 스핀들이 소켓도 뚫고 들어가고 위아래로 마찰이 일어나 힘이 두 배로 든다. 달인의 경험으로는 소켓만 단단하면 스핀들과 파이어보드의 조건과 선택폭이 아주 넓어진다. 회전력과 압력에 직접적인 영향을 주어서 파이어보드만큼 중요한 것이 소켓의 강도이다.

- 잿가루 모양이 굵고 길죽하면, 마찰이 부족하고 나무의 조합도 좋지 않다. 스핀들과 파이어보드를 바꾼다. 스핀들을 더 강한 재료로 하거나 파이어보드를 더 무른 재료로 한다.

- 스핀들이 처음 모양에서 아래쪽이 뾰족하게 닳았다면, 스핀들이 무르기 때문이다. 더 강한 재질로 바꾼다.

- 실패하면 2분 이상 충분히 쉬며 근육을 푼다. 바로 시도하면 더 빨리 지친다.

- 실패한 재는 버리지 말고 그대로 두고, 그 상태로 다시 한다. 만들어진 재는 다른 어떤 부싯깃보다 곱고 열에도 민감하며, 새로 만든 재 속의 열을 품는다.

실전에서 불 피우는 법 : 부싯깃, 패더스틱 feather stick

이 기술은 달인의 블로그를 자주 방문하던 한 청년이 실제 눈 덮힌 산에서 조난당한 상태에서 마땅한 부싯깃을 구하지 못해 고생고생하다 구조된 사례가 있어, 혹시나 하는 마음에 이미 마무리된 원고에 추가하는 기술이다. 라이터가 없거나 눈에 뒤덮여 마른 풀과 같은 부싯깃을 구하지 못한 채, 파이어스틸이나 보우드릴/핸드드릴을 이용하여 불을 피워야 할 때, 자연재료인 마른 나무를 패더스틱(깃털 나무) 기술을 써서 부싯깃을 만들면 쉽게 불을 키울 수 있다.

01 마른 가지의 한 쪽면을 칼로 다듬어 낸다.

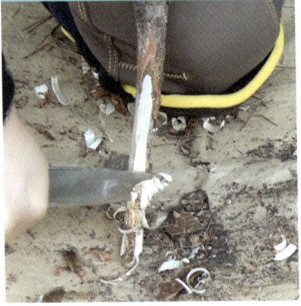

02 다듬은 면과 마주 접하는 부분도 반듯하게 깎아 낸다.

03 두 면의 모서리 부분을 시작으로 패더스틱을 만든다. 이때 나무를 자신의 허벅지에 기대면 나무가 움직이지 않아 힘을 싣기 좋다.

04 나이프의 날을 아래로 기울인 상태에서 손목 힘이 아닌 팔과 체중을 실어 칼로 쓸어 준다.

05 굽혔던 팔꿈치를 펴주면서 체중을 실어 날의 중간부터 손잡이 부분까지 쓸어버린다는 느낌으로 깎아 낸다.

06 남은 면에도 반복하여 나뭇가지를 깃털처럼 만들어준다.

07 이 깃털에 불꽃을 튀겨주거나 보우들의 숯을 올려놓으면 불이 붙는다.

08 특히 이런 공간이 듬성듬성한 부싯깃에 파이어스틸을 사용할 때는 긁어서 가루를 만들어 준 후, 불꽃을 튀기거나 가루를 깎아낸다는 느낌으로 짧고 강하게 여러 번 긁어내려 불꽃을 일으키면 쉽게 불을 만들 수 있다.

대나무로 불피우는 법

우리나라 무인도에서도 쉽게 발견할 수 있는 재료가 대나무다. 아마 폐어구들이 태풍에 떠밀려서 그런 듯하다. 우리나라뿐만 아니라 정글에서도 쉽게 구할 수 있으니 꼭 익혀두면 좋다.

대나무로
불피우는 법
바닥에 놓고 하는 법

대나무로
불피우는 법
가슴에 걸치고 하는 법

01 대나무를 바닥에 놓고 하면 쉽고, 힘도 많이 실을 수 있다. 두 명이면 함께 박을 타듯 톱질해도 좋다. 대나무를 반으로 쪼개고 중심부위에 칼로 구멍을 안쪽에서 뚫는다. 폭 2mm 정도면 된다.

02 구멍 좌우측에 칼로 긴 홈을 만들면 공기 유입이 더 쉽다. 만들지 않아도 기본적으로 공기는 유입된다.

03 구멍을 뚫은 반대편에는 일직선으로 칼집을 낸다. 구멍이 너무 작으면 공기유입이 힘들고 재가 잘 빠지지 않아 실패할 수 있다.

04 구멍 바로 아래에 마른 부싯깃을 넣는다. 구멍과 공간이 많지 않게 밀착한다. 다른 부싯깃이 없으면 대나무껍질을 갈아서 사용해도 좋다.

05 톱을 사용할 부분을 칼로 깎는다.

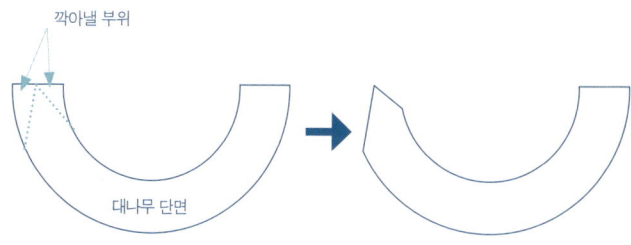

깎아낼 부위

대나무 단면

06 단면의 중심 쪽으로 뾰족하게 깎아야 받침에 있는 구멍과 마찰이 쉽고 재를 잘 만들 수 있다.

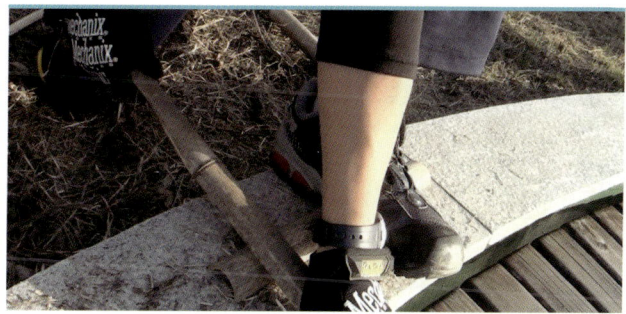

07 한쪽 발로 바닥판을 견고히 밟은 상태에서 톱의 날 부분을 구멍과 일치시킨다. 천천히 앞뒤로 왕복운동을 시작하여 길을 낸다. 잠시 후 연기가 나면 체중을 실어 왕복운동을 더 빠르게 진행한다. 그 상태로 약 15~20초 정도 유지하면 숯이 만들어진다.

08 부싯깃 위에 떨어진 숯을 강하게 불면 불이 붙는다.

09 대나무가 바짝 마르고, 두꺼울수록 쉽게 숯을 만들 수 있다. 보우드릴보다 단순하며, 야생에서 굵은 대나무가 보이면 무조건 챙긴다. 굵은 대나무는 그릇으로도 사용할 수 있어 쓰임새가 다양하다.

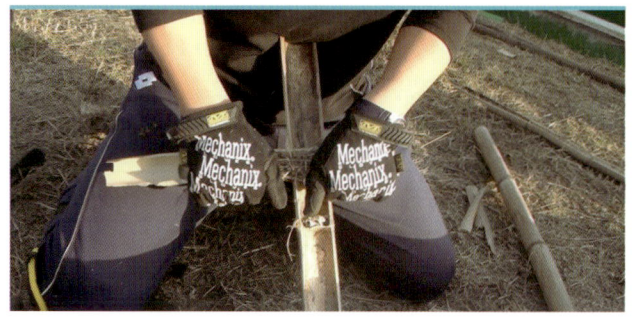

10 배에 걸치고 하는 방법은 추천하고 싶지 않다. 바닥에 놓고 하는 것보다 힘들고, 지탱하는 배 부분이 찔려서 아프다.

방수 발화촉진제 구두약

달인은 구두약 예찬론자다. 구두약에는 휘발성 물질이 들어 있어 물과 섞이지 않을 뿐만 아니라 불도 쉽게 붙는다. 특히 비가 오는 상황이나 젖은 환경에서 구두약의 진가가 발휘된다. 또한 다 쓴 구두약 통은 차클로스나 차로프를 만드는 중요한 도구다.

01 부싯깃 위에 구두약을 올린 후 물을 붓고,

02 위에 파이어스틸로 불꽃을 튀겨도 불이 붙는다. 구두약 자체가 부싯깃과 땔감 역할을 함께 한다. 그 사이 주변의 젖은 땔감이 마르고 결국 불이 붙는다.

불 피운 자리 처리하는 법

불을 피운자리는 반드시 불씨가 남지 않도록 완벽하게 처리해야 한다. 그렇지 않으면 작은 실수가 산불을 일으키는 원인이 된다. 핵심은 불이 다시 살아날 요소를 제거하는 것이다. 산소를 차단하고, 옮겨붙을 부싯깃이나 땔감을 없애면 된다.

01 흙으로 아주 틈새없이 매운 후, 타다 남은 연료를 빼내어 완전히 불씨를 꺼뜨린다.

불씨가 있었던 곳까지 깊이 찔러 버무려준다

02 그 위에 물이나 오줌을 이용하여 다시 한 번 불씨를 없애고, 가지를 이용하여 물이 흙 속으로 스며들도록 개어준다. 다시 흙을 덮은 후 방풍벽으로 사용한 돌들로 완전히 매몰시켜주면 된다. 그리고 10분 정도 그 자리에 머물면서 연기가 나는지 체크한다.

달인의 팁:

생존상황이 아니라면 꼭 별도의 스토브를 사용한다. 그것이 자연을 보호하는 방법이다. 맨땅에 불을 놓으면 그 속에 있는 미생물이 전멸하고 주변의 나무뿌리가 고사한다. 즉 그 자리는 죽은 땅이 되는 것이다.

불을 관리하는
도구 만드는 법

02

나무 스토브 만드는 법 1: 4조각 스토브

나무를 이용하여 비상스토브를 만들어 조리나 물을 끓일 때 사용한다.

01 통나무를 두 조각으로 쪼갠다. 톱과 나대는 훌륭한 장비가 된다.

02 쪼개진 두 조각의 절단면에 위아래를 구분할 수 있게 표식을 한다. 총 네 군데에 서로 짝이 맞게, 될 수 있으면 중심으로부터 바깥쪽에 붙여서 자신만의 표식을 해둔다. 그 래야 쪼갠 후 쉽게 맞출 수 있다.

03 네 조각으로 만들고, 이전에 표시해둔 모양을 보며 서로 맞춘다.

04 네 귀퉁이의 안쪽 모서리를 전체 두께 의 1/4 만큼 잘라낸다.

05 가운데가 뚫린 스토브가 생긴다.

06 두 조각을 맞추고, 아래쪽 1/3 지점에 구멍을 낸다.

07 스토브 안쪽으로 연결될 만큼 깊은 구멍이어야 한다.

08 두 조각에 내외부가 연결되는 구멍이 만들어진다.

5장 필수 서바이벌 기술: 불

09 각 안쪽 모서리에는 불이 잘 옮겨붙게 페더스틱처럼 칼집을 낸다.

10 다시 결합하고, 구멍이 있는 부분을 아래쪽으로 하여 흙으로 묻거나 돌로 고정한다.

11 스토브 안쪽에 부싯깃을 십(+)자 모양으로 차곡차곡 쌓는다.

아래쪽 구멍은 통풍구 및 아궁이 역할을 한다

12 내부에서 불이 붙으면 중심부로 화력이 집중될 뿐만 아니라, 내부 공간에 잔가지를 더 넣어 줄 수 있어 자체나무 + 잔가지로 화력을 높일 수 있다. 그래서 네 귀퉁이를 잘라 공간을 만든 것이다.

13 네 귀퉁이 내부부터 일정하게 타고 들어가기 때문에 화력이 잘 집중된다. 약 한 시간 정도를 사용하여도 흙에 묻힌 바닥과 일정하게 탄 귀퉁이로 인해 여전히 쓰러지지 않는다. 500ml 물 정도는 금방 끓일 수 있다.

나무 스토브 만드는 법 2: 4기둥 스토브

통나무를 반듯하게 자를 도구가 없거나 급하게 스토브가 필요할 때 사용할 수 있는 응급 스토브이다.

01 굵은 가지를 자르고, 아래를 깎아 말뚝처럼 만든다.

달인의 팁:

반드시 4조각일 필요는 없다. 조리기구를 안전하게 거치할 수 있다면 기둥이 3개든 5개든 무관하다. 때로는 4조각 스토브를 응용하여 원형으로 말뚝을 박고 한쪽만 개방하여도 훌륭한 스토브가 된다. 현재 처한 상황에서 가용한 재료를 가지고, 기존에 성공했던 기술의 원리를 적용해야 변칙적인 상황을 유연하게 극복할 수 있다.

02 귀퉁이 사이로 부싯깃을 쌓는다.

03 물 한 컵은 5분 정도면 끓인다. 우드 스토브와 달리 기둥 자체를 태워서 화력을 얻는 것이 아니라 주변의 땔감으로 충당한다.

이동식 난로 만드는 법

「생존 최강 달인: 혹한기 편」에서 나무 스토브 만드는 방법을 응용한 것이 바로 이동식 난로이다.

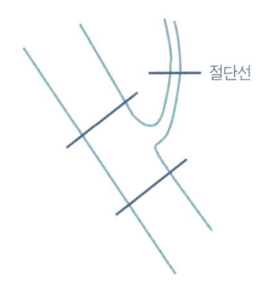

01 쓰러진 고목을 가지 자체가 손잡이 역할을 할 수 있게 절단한다.

02 윗부분을 폭 5~6cm 두께의 십(+)자선을 긋고 내부를 파낸다.

03 언 나무는 나이프로 파내는 것보다 도끼가 최고다. 깊이 7~10cm 정도 파내고, 십자 가운데 부분은 더 깊게 판다. 십자 홈은 원활한 공기유입과 땔감 공급을 위해 필요하다. 가운데 구멍은 화력을 집중시키고 숯이 쌓이는 공간이다. 이 난로로 수시로 손을 녹이고 지속하여 불을 지킬 수 있다. 설사 꺼지더라도 내부 깊이 팬 곳에는 여전히 불씨가 살아 있어 조금만 불면 금방 불이 살아난다.

다코타 파이어홀 만드는 법

일반적인 화덕처럼 나무를 쌓아 올리며 불을 유지하지 않는다. 땅에 구멍을 파고, 구멍과 연결되는 터널을 통해 공기를 원활히 들어가게 하여 화력의 집중성과 연료의 효율성을 높인 방법이다. 불구멍이 하나여서 불이 옆으로 퍼지지 않아 화력도 좋고 바람에 날릴 위험도 낮다. 불을 끌 때도 구멍만 메우면 끝나기 때문에 뒤처리가 간편하다.

01 두 구멍 간 간격은 약 30cm 정도면 된다. 달인은 그냥 신발의 앞뒤 끝을 기준으로 한다. 앞쪽은 불구멍, 뒤쪽은 바람구멍이 된다.

02 삽이 없으면 나무창을 만들어 땅에 박아 빙빙 돌려 구멍을 판다. 생존 상황에서 나무창은 삽을 대신하기에 충분하다.

03 불구멍은 수직으로 약 20~30cm 깊이로 판다. 바람구멍은 약 30~45도 각도로 불구멍으로 잇는다. 일반적인 다코타 파이어홀보다 바람구멍을 넓게 만들어 주는 것을 추천한다. 원활한 공기유입이 중요하기 때문이다.

04 사실 우리나라 전통 아궁이랑 같은 원리이다. 달인은 전통적인 다코타 파이어홀을 변형하여 아궁이처럼 바람구멍을 넓게 만들어 땔감과 공기가 쉽게 들어갈 수 있게 만든다. 연기도 적고 효율도 좋다.

젖은 환경에서 화덕 만드는 법

눈이 녹는 바닥이나 비가 내린 후 질퍽한 바닥에서는 불을 피우기도 힘들지만 유지하기도 매우 어렵다. 이때 이런 화덕을 만들면 불을 효과적으로 유지하고 사용할 수 있다.

01 네 개의 기둥을 땅에 고정한다.

02 기둥과 기둥 사이에 가로 막대를 연결한다. 이때 매듭법이 중요하다. 기둥에 막대를 교차할 때 유용한 매듭법이다. 기둥에 줄을 감고 위에 가로 막대를 놓는다.

03 위로 감아올린다.

04 기둥 뒤에서 교차한 후 다시 아래로 내린다.

05 가로 막대와 기둥 사이로 줄을 빼낸다.

06 가로 막대와 기둥 사이의 줄을 팽팽하게 조인 후 묶는다.

07 맞매듭으로 마무리한다.

08 기둥과 가로 막대 사이를 조임으로써 더욱 견고한 결합이 이루어진다.

09 이 매듭법을 이용해 구조물을 만든다.

10 아래쪽 가로 막대 위에 잔가지들을 놓는다.

11 가로로 잔가지들을 올려놓아 빈틈이 없게 한다.

12 위에 풀과 모래를 쌓아 올린다.

13 모래 위에 가지를 이용해 사각형 경계를 만든다.

14 다시 흙을 덮어 경계를 만들면 자연스레 오목한 화덕이 된다. 내부에 돌을 넣어 모래 속 나무가 직접 열을 받는 것을 막는다. 이 돌은 필요에 따라 물을 끓일 때 사용한다.

15 구조물에 가지를 걸치고 신발을 말리면 좋다. 발목이 위를 향해야 습기가 빨리 증발한다.

16 가지를 얹어놓으면 그릴처럼 사용할 수 있다. 고기를 굽거나 훈제 또는 육포를 만들기 좋고, 주전자나 그릇을 올려놓고 끓이기도 쉽다. 비록 좀 복잡하지만 이 구조를 만든 이유이다.

17 화덕 아래에는 열이 전혀 전달되지 않는다. 그래서 지면의 상태에 구애받지 않고 불을 유지하고 사용할 수 있으며, 열로 인해 구조물이 타거나 손상을 입지 않는다.

기타

03

봉지로 물 끓이는 법

물을 최종적으로 정수하거나 음식물을 익혀 먹어야 할 때 끓일 도구가 없다면, 봉지가 대안이다. 봉지로 빗물 모으는 법(196쪽)을 익혔다면 어렵지 않다. 그리고 봉지뿐만 아니라 고어텍스 옷이나 판쵸우의 등과 같은 방수 재질의 재료로도 쉽게 물을 끓일 수 있다.

01 길이와 두께가 같은 3~40cm 정도의 나뭇가지와 짧은 막대를 준비한다.

02 위쪽 약 5~10cm 정도 두 가지가 마주 접하는 부분을 평평하게 다듬는다.

03 손잡이 매듭으로 두 가지를 묶는다.

필요에 따라서 막대 앞쪽을 묶으면 막대가 쉽게 빠지지 않아 좋다

04 두 가지 사이에 짧은 막대를 넣으면 자동으로 벌어지는 집게가 된다.

05 집게의 끝이 될 부분도 다듬으면 견고하게 물체를 잡을 수 있다.

06 화덕에 데워진 돌을 방금 만든 집게로 집어 든다.

07 만들어 놓은 봉지 그릇에 데워진 돌을 집어넣는다. 주먹만 한 돌 5~6개면 1리터 정도는 금방 80도 이상으로 만들 수 있다.

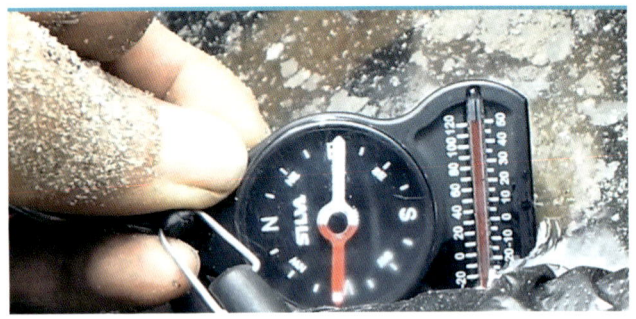

09 휴대용 온도계를 가져다 대는 순간 순식간에 최고치 50도를 넘는다. 아쉬움에 손가락을 집어넣었다가 데였을 정도로 뜨겁다. 충분히 음식을 익히고 살균할 수 있는 정도가 된다. 그릇이 없다고 포기하지 말고, 방수되는 재질을 찾아서 시도한다.

높낮이 조절 포트 만드는 법

불의 세기에 따라 높이를 조절하고, 위치를 안전하게 옮길 수 있는 포트는 매우 유용하게 사용할 수 있다.

01 기둥이 될 긴 가지 한 개, 긴 Y자 가지 1개, 짧은 Y자 가지 2개가 필요하다.

02 긴 Y자 가지의 아랫면을 평평하게 깎는다.

03 긴 Y자 가지 앞쪽에 포트의 고리가 걸릴 홈을 여러 개 만든다.

04 두 번째 Y자 가지의 V자 한쪽 윗면을 평평하게 깎는다.

05 세 번째 Y자 가지는 중심가지 위쪽을 평평하게 깎는다. 그리고 긴 가지의 깎은 면과 나머지 두 가지의 깎은 면을 맞추어 묶는다.

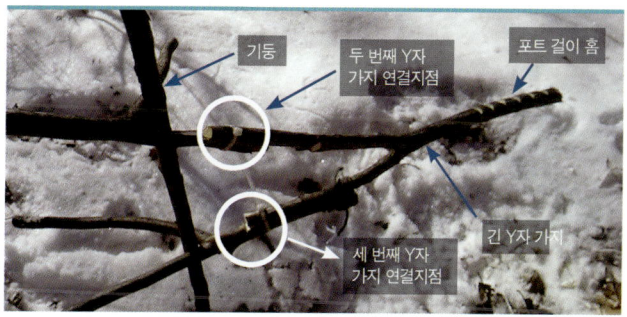

06 이런 형태의 구조가 나오게 한다. 두 번째 세 번째 Y자 가지 2개가 기둥과 엇갈려 힘을 지탱하고, 긴 Y자 가지는 그 두 Y자 가지에 연결되어 포트걸이가 된다. 포트걸이에 무거운 포트가 걸릴수록 더 단단하게 잠금이 되는 구조이다.

07 불의 위치에 따라 홈을 옮기면 된다.

08 위쪽 나뭇가지를 눌러서 높이를 맞추고, 다시 놓으면 그 위치에 잠금이 이루어진다.

방풍/열반사벽 만드는 법

불을 피우는 앞쪽에 장애물을 만들면 바람의 영향도 줄이고 열을 반사해 더 따뜻하게 버틸 수 있다.

01 네 개의 기둥을 만든다.

02 네 개의 기둥을 불피울 자리 앞에 고정한다.

03 네 기둥 사이로 얇은 가지는 아래로, 굵은 가지는 위로 가도록 불 쪽으로 쌓는다. 그래야 굵은 나무 무게로 인해 견고하게 자리 잡는다.

04 뒤쪽에는 공간이 없게 잔가지들을 다시 채운다.

05 기둥 사이는 벌어지지 않게 묶으면 좋다.

큰 나무 태우는 법

잔 나무를 태우기는 쉽고 빠르다. 하지만 불이 오래가지 않고 계속 연료를 공급해야 한다. 특히 겨울에는 불을 지키는 것만큼 힘든 일이 없다. 큰 나무에 불을 붙인다면 이런 문제는 쉽게 해결된다.

01 큰 돌 또는 나무토막을 구한다. 없으면 나뭇가지를 묶어 X자 받침대를 만든다.

02 돌 또는 나무토막 높이에 X자 받침대 높이를 맞춰 공간을 확보한다. 같은 높이의 돌이 있다면 최고다. 그 아래 불을 지피면 큰 나무에 쉽게 불을 옮길 수 있다. 공간 사이로 공기 유입도 잘된다. 두 번 타는 보일러의 경쟁자, 일명 '두 번 타는 통나무'이다.

03 나무 말뚝 2개를 땅에 고정하고 위에 신발을 말려도 좋다. 밤에 피워놓으면 별도의 관리 없이 새벽까지 온기를 뿜고 있다. 숯 상태로 되기 때문에 땔감만 다시 넣어주고 후~ 불면 금방 불이 살아난다.

04 돌과 Y자 가지를 땅에 고정한 후 굵은 나무를 놓고, 그 아래 불을 지피면 잔불로 큰 불을 만들 수 있다.

05 처음부터 큰 나무를 태우기는 어렵지만, 단계적으로 나무를 키우면 쉽게 큰 불을 만들 수 있다. 큰 불을 만드는 이유는 숯을 확보하기 위해서다. 일단 숯이 만들어지면 열기도 오래 확보할 수 있고 다시 불을 지피기도 쉽다.

필수
서바이벌
기술:

수렵

06

생존 상황이 길어질 때는 필요한 도구를 직접 제작해야 한다. 최소의 자원으로 최대의 효과를 얻는 도구가 필요하다. 달인이 소개하는 생존 도구들은 여러 생존 상황이나 아웃도어에서 실제 적용하고 수정한 결과물이다. 때로는 성공, 때로는 실패였다. 기술이 좋아도 자연이 허락하지 않으면 의미 없는 노력일 수 있지만, 계속되는 시도는 좀 더 나은 현재를 만들 수 있다. 특히 생존 상황이 길어질수록 자립을 위한 수단과 식량 확보를 위한 생존 기술이 더욱 요구된다. 그중 수렵 기술은 자연의 도움과 행운이 절실히 따라야 하는 영역이다.

어떤 수렵 기술은 시간대비 효과가 좋지만, 어떤 기술은 낮다. 이 차이를 경험으로 보완해야 한다. 실패하더라도 계속 시도해야 한다. 때로는 의도치 않은 부가적인 수확물도 얻을 수 있다. 시도하지 않는 것보다, 시도하여 얻는 것이 더 크다. 계속된 시도는 내가 사용한 기술을 보완하고 더 완벽하게 만든다. 점점 경험은 누적되고 확률은 올라간다. 지면의 제한 때문에 소개하지 못하는 기술들은 앞으로 출판물 또는 방송을 통해 더 자세히 소개하고, 가장 기본적인 기술만 이 책을 통해 설명한다.

생존의 달인
한마디,

"잡고 싶은 동물의
 대상을 정하고,
 그 대상이 좋아할 만한
 미끼를 사용하고,
 그 대상이 잡힐 수밖에 없는
 덫을 만든다"

어류
수렵 도구
만드는 법
01

통발 만드는 법

통발은 고기를 잡기에 상당히 유용한 사냥 도구이다. 들어오는 입구는 좁고 내부는 넓게 만드는 것이 중요하다. 외부가 어둡고 내부에 좋은 미끼를 넣으면 더 효율적이다. 투명 페트병을 자른 후 뒤집어 넣는 방법을 많이 사용하지만, 보완이 필요하다. 이 방법의 효율성을 체크하기 위해 크기가 다른 페트병으로 3개를 만들고 각각 과자, 쌈장, 밥알로 나누어 가득 넣었다. 떠내려가지 않게 작은 구멍을 뚫고 돌도 넣었다. 그러나 한 마리도 잡지 못했다.

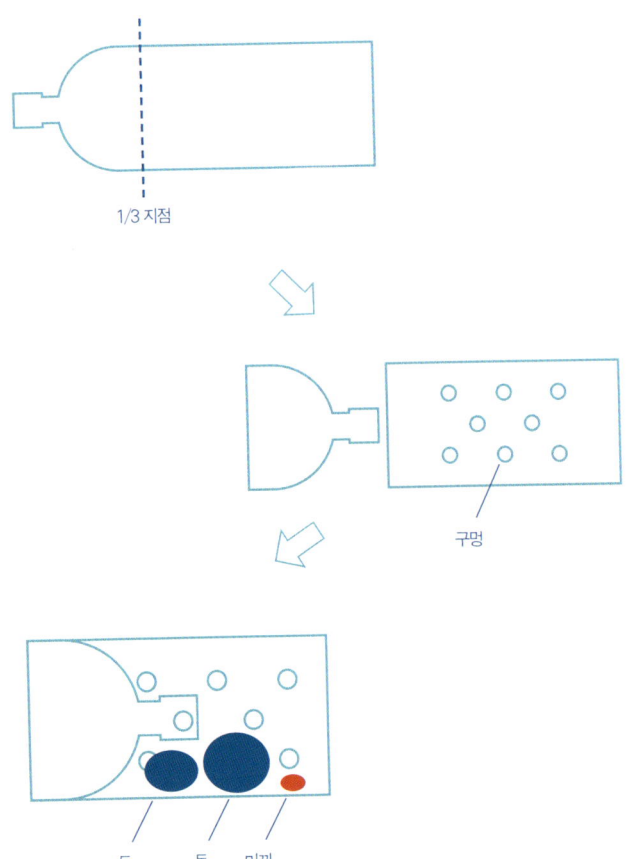

구멍으로 접근하던 고기들이 볼록렌즈처럼 확대된 자신이나 주변 물고기를 보고 놀라 도망가는 것을 관찰했다. 바지나 나뭇가지로 기본 틀을 짜고, 그 안에 넣으면 경계심을 누그러뜨릴 수 있지만 정답은 아니다. 어떤 분은 그냥 투명 페트병에 밥알만 넣었지만 잘 잡았다. 결국 때와 장소, 물고기가 좋아하는 미끼 그리고 운이 결정한다. 페트병 통발이 구조적으로는 바지 통발보다 우수해 보이지만, 실전에서는 어설프게 보이는 바지 통발이 고기를 더 잘 유인하고, 입구를 더 쉽게 봉인할 수 있다. 「생존의 달인 1편」에서도 확인할 수 있다. 통발의 원리만 잘 이해하면 주변 재료로 효율적인 수중사냥 도구를 만들 수 있다. 무엇보다 물고기가 좋아할 만한 미끼를 사용하는 것이 중요하다.

01 방송에서는 다양한 통발을 사용했지만, 이번에는 순수한 자연재료만 이용하는 방법을 소개한다. 여러 개의 나뭇가지를 묶어 쥐고, 끝을 단단히 묶는다.

02 끈으로 쓸 재료는 나무뿌리와 버드나무 껍질이 좋다. 버드나무 가지의 한 면을 칼로 완전히 잘라내면 나머지 껍질을 쉽게 벗길 수 있다.

03 나무줄기를 꼬아 크기가 다른 고리를 만들고 각 가지와 연결한다.

04 버드나무 껍질을 이용해 맞매듭으로 마무리하면 아주 튼튼하게 엮인다.

05 틀이 잡히면, 입구 쪽에 가장 작은 고리를 하나 만들어 묶는다.

06 4개의 고리를 만들어 통발을 만들었다.

07 입구 쪽 나뭇가지를 가지런하게 자른다. 이 상태로 바지나 재킷으로 빠져나갈 수 없게 감싸만 주어도 훌륭한 통발이 된다.

08 기본 틀에 나뭇가지를 교차 통과하여 틈새를 보완한다.

09 잔잎이 달린 잔 나뭇가지를 이용하여 고리 사이로 교차 통과하여 틈새를 메운다. 나뭇잎이 많이 붙은 가지일수록 위장 효과가 좋아 고기들이 안심한다.

10 통발과 낚시의 성공은 바로 미끼에 달려있다. 물고기가 가장 좋아하는 지렁이와 벌레는 쉽게 구할 수 있는 최고의 미끼이다. 특히 지렁이는 썩은 나뭇잎 아래에 많다. 물론 그 자체로 훌륭한 단백질 공급원이다.

11 잡은 벌레는 돌을 이용해 짓이겨야 한다. 쉽게 말해 죽처럼 만든다.

12 짓이긴 벌레들을 나뭇잎으로 잘 감싸고, 가운데 구멍을 낸다. 유속에 의해 미끼들이 한꺼번에 떠내려가는 것을 막아주고, 통발 내에서 조금씩 뿜어져 나와 고기를 유혹하는 시간을 벌 수 있다.

13 미끼 뭉치를 통발 내부에 넣고, 들어온 고기가 쉽게 빠져나가지 못하게 깔때기를 만들어 입구에 넣는다. 안쪽 부분은 입구보다 좁게 만들면 된다.

14 물이 흘러 오는 방향에 통발의 입구를 두고 돌이나 나무를 이용하여 흘러가지 않게 고정한다. 잡히는 고기의 종류는 입구의 크기와 미끼의 종류에 따라 다르다.

낚싯바늘 만드는 법 1: 나무

낚시는 가장 보편적인 물고기사냥 방법이다. 선사시대부터 매우 다양한 재료와 모양을 이용했다. 가장 단순하고 효과적인 낚싯바늘이 1자 형태의 바늘이다. 현대의 낚싯바늘은 갈고리처럼 생겼으나, 단순한 1자 형태의 바늘도 물고기를 낚을 수 있다는 것을 알면, 생존 상황에서 복잡한 구조의 바늘을 만들기 위해 고생할 필요가 없다. 아주 쉽게 많이 만들 수 있다. 다만, 예나 지금이나 낚시는 미끼와 운이 따라야 확률이 높다. 눈먼 고기가 부디 삼켜주기를 바랄 뿐이다.

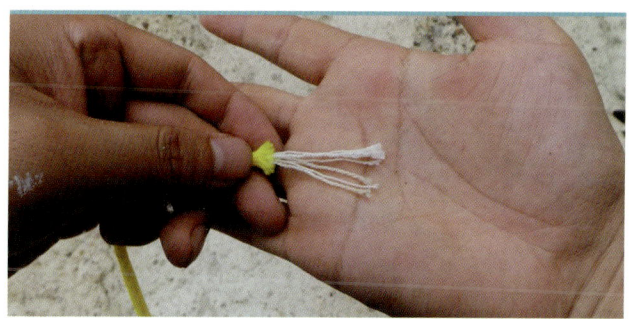

01 낚싯줄로는 파라코드의 내심이 그만이다. 6개의 내심을 연결하면 긴 낚싯줄을 만들 수 있다.

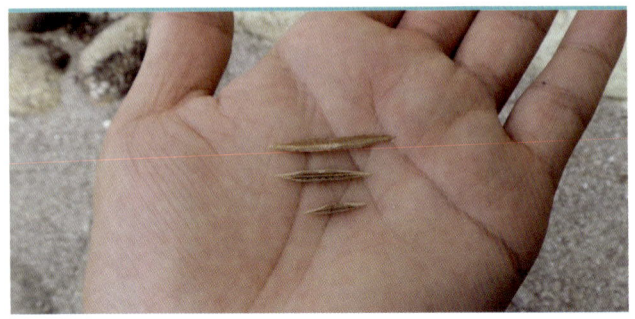

03 어떤 종류의 고기가 삼킬지 모르기 때문에 바늘 크기도 다양하면 좋다. 어떤 크기가 가장 삼키기 좋을지 고기 입장에서 생각하면 답이 나온다. 방법도 간단하여 나뭇가지를 깎아 양 끝을 뾰족하게 만든다. 이때 줄이 묶이는 가운데 부분이 굵어야 고기가 삼킨 후 잡아당길 때 부러지지 않는다.

달인의 팁:

방송을 통해 나무를 깎아 만든 후크 형태의 바늘을 소개했지만, 정밀도와 매듭 마무리에 상당한 시간이 소요되며 다른 바늘에 비해 크기가 커서 베스나 송어, 우럭과 같이 입이 큰 육식성 대상어외에는 삼키기 어렵다. 그러나 1자형 바늘은 나무뿐만 아니라 플라스틱, 뼛조각, 철사 조각 등 재료 선택의 폭이 넓고 정밀성을 그다지 요구하지 않는다. 놀래미와 같은 작은 편에 속하는 고기도 잡힌다. 이쑤시개만 만들 수 있다면 남녀노소 누구나 가능하며, 성능이 생김새와 달리 의아할 만큼 효과가 크다. 혹시나 너무 단순하다고 생각해 십(+)자나 별모양으로 엮어 만들지 않기를 바란다. 1자가 아니면 물고기가 삼키기 어렵다. 그것은 응용이 아니라 1자 바늘의 원리를 전혀 이해하지 못한 것이다.

6장 필수 서바이벌 기술: 수렵

추가될 돌을 묶을
여유분의 줄

바늘

04 바늘도 하나 보다 여러 개가 좋듯이, 수심도 여러 층을 공략하면 유리하다. 파라코드에 알파인 버터플라이 매듭(39쪽)으로 중간중간 고리를 만들고 바늘을 연결한다. 끝에 돌을 달기 위해 줄을 조금 남긴다.

추 역할을 할 돌

02 고동이나 소라를 깨트려 속살과 내장으로 나무바늘과 줄을 통째로 감싸게 끼운다. 다시 한 번 강조하지만, 낚싯바늘의 성공 포인트는 충분히 고기를 유혹할만한 미끼와 1자로 혼연일치 된 바늘과 줄이다.

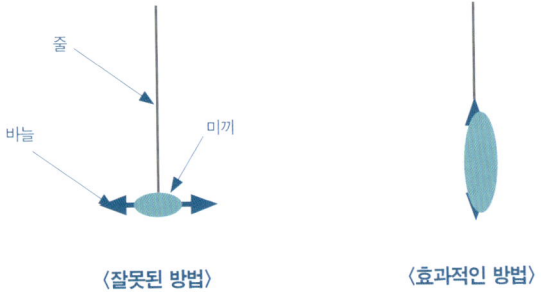

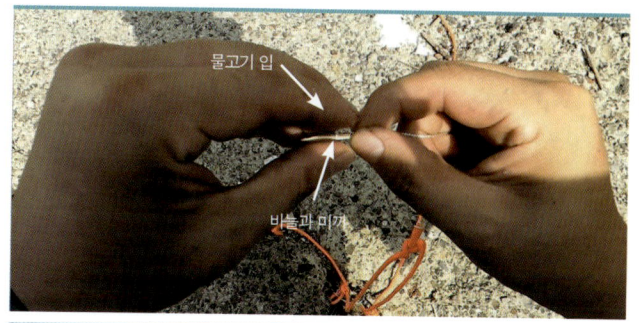

03 나무 낚싯바늘은 일반 낚싯바늘과 달라서 주둥이를 낚아채는 것이 아니다. 고기가 삼킬 때까지 기다려야 한다. 고기가 바늘을 잘 삼키려면 바늘과 줄이 1자로 있어야 한다. 그래서 미끼를 끼울 때 바늘과 줄을 같이 꿰어야 한다. 그러면 1자가 된 바늘과 줄을 물고기가 삼킨다.

달인의 팁:

낚싯대를 던져놓고 물속에서 고기가 어떻게 미끼를 무는지 관찰한 적이 있다. 몇 번 툭 툭 건드리다가 미끼가 내 입맛에 맞으면 덥석 문다. 그냥 무는 게 아니라 순간적으로 미끼와 주변의 물을 한꺼번에 입안으로 강하게 빨아 당기며 삼킨다. 따라서 1자 바늘이 성공하려면 고기가 입안으로 빨아당길 때 쉽고 빠르게 흡입될 수 있게 미끼와 바늘과 줄도 1자로 붙어 있어야 한다. 십자 형태나 그 이상 별모양 가지가 된다면 오히려 입밖에 걸린다. 물론 아주 큰 입을 가진 대형어종이라면 걸릴 수도 있다. 그러나 1자가 가장 효과적이다는 것을 명심하길 바란다.

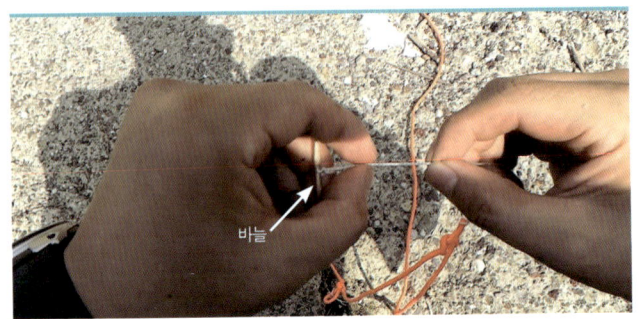

04 물고기가 바늘을 삼킨 후 도망가려고 발버둥 치면, 바늘이 세워지며 입안 또는 아가미에 걸리게 된다.

05 옆에 계셨던 현지 주민이신 강태공 할아버지도, 영일만 갈매기도 물고기 구경 못 한 날이다. 여러분은 분명히 잡을 수 있을 것이다.

06 모자나 밸크로 사이에 바늘을 챙겨두거나 작은 생존박스를 구성해도 좋다.

달인의 팁:

결국 생존에서의 낚시는 반복 그리고 시간과의 싸움이다. 끊임없이 시도하고, 인내하며 기다려야 한다. 된다는 긍정적인 마인드로 계속 시도하면 분명 뜻밖의 수확이 있을 것이다. 달인보다 더 엉성하게 만들었음에도 불구하고 작은 물고기를 금방 잡은 사례도 있다.

낚싯바늘 만드는 법 2: 철사

나무 바늘은 물고기가 삼킬 때까지 기다려야 하고 재활용이 힘들다. 그러나 철재 바늘은 매우 단단하여 재활용과 후킹(잡아채는 것)이 가능하여 입맛만 보고 도망가려는 녀석들도 잡아챌 수 있다.

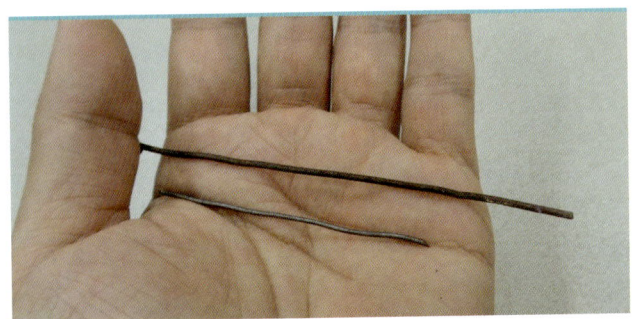

01 이런 철사는 생각보다 쉽게 구할 수 있다. 바닥에 떨어져 있기도 하고 쓰레기들에 엮여 있기도 하며, 옷핀이나 클립도 있다. 나침반으로도 사용할 수 있으니 눈에 띄면 무조건 주워야 한다. 다만 철을 휠 수 있는 도구가 필요하며, 멀티툴 플라이어가 좋다. 없으면 손으로 꺾고 돌을 이용하여 내려치며 모양을 만들어야 한다.

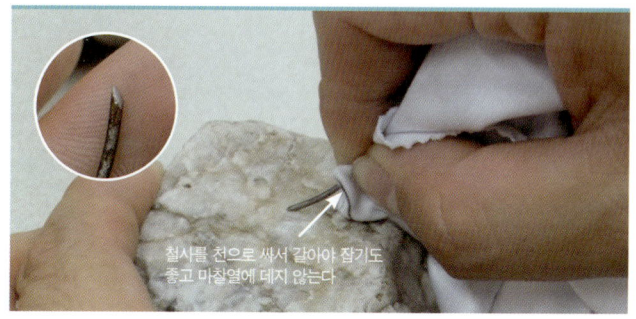

02 철사의 한쪽 면만 돌에 갈아 뾰족하게 만든다.

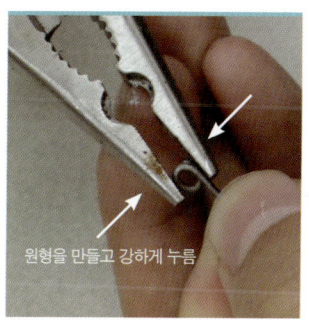

03 반대편은 멀티툴 플라이어로 한 바퀴 꼬고, 만들어진 고리를 꽉 누른다.

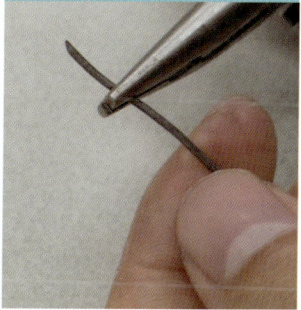

04 갈아 놓은 부분에 1차적으로 꺾어 커브를 만든다.

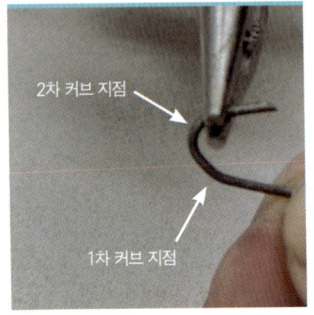

05 낚싯바늘의 최종 굴곡 정도를 결정하기 위해 2차 커브를 만든다.

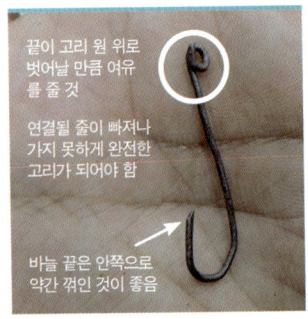

06 낚싯바늘이 완성된다.

달인의 팁: 미늘 만드는 법

좀 더 효과적인 낚시를 위해 바늘 끝 부분을 불에 달구고 돌로 찍어 납작하게 단조한 후, 바깥쪽만 갈아내면 바늘이 더욱 날카로워지고 '미늘'도 만들 수 있다. 만약, 처음부터 미늘을 만들기 원한다면 앞의 02번 과정에서 만드는 것이 좋다. 그래야 바늘을 꺾을 때 미늘 방향을 정할 수 있다.

〈1단계〉 철사를 갈아놓은 1자 상태에서, 단조하여 둥글둥글한 삼각형 모양으로 만든다.
〈2단계〉 만들어진 철사의 안쪽 미늘을 집게로 비틀거나 접어서 뾰족하게 한다.
〈3단계〉 바깥쪽을 갈고,
〈4단계〉 플라이어로 휘어서 미늘이 안쪽에 위치하게 한다.

6장 필수 서바이벌 기술: 수렵

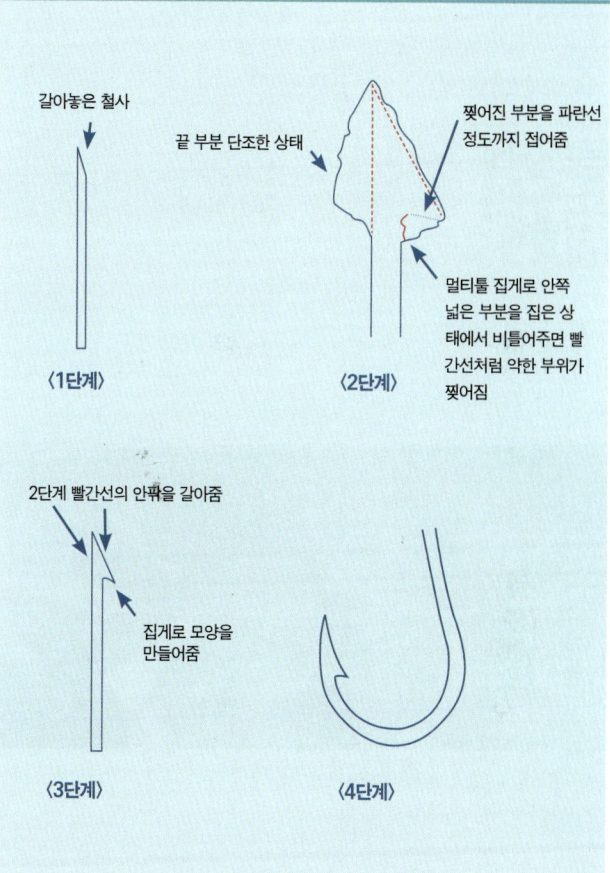

나뭇가지 펴고 휘는 법

자연에서는 대나무가 아닌 이상 곧은 가지를 얻기 어렵다.
작살을 만들거나 화살을 만들 때 사용하는 방법이다.

01 휠 부분에 열을 가하면 섬유질이 연해진다.

02 무릎을 이용하여 휘어진 반대편으로 지그시 누른다. 열이 식어 건조될 때까지 버틴다.

03 짧고 가는 가지나 세밀한 펴기 작업이 필요한 경우 Y자 가지를 이용하여 꺾으면 좋다.

04 거의 일직선의 곧은 가지를 얻을 수 있다. 화살과 작살은 명중률에 직접 연관이 있어 이런 작업은 상당히 중요하다.

작살 만드는 법 1: 4지창

작살은 원시적이지만 가장 확실한 사냥 도구이다. 직접 보며 잡는다는 점에서 낚시와 비교할 수 없이 효과가 크다. 문제는 봐야 잡는다는 것인데, 물속에서 눈을 떠 보면 1m 앞의 물체도 식별하기 힘들다. 공기와 물의 밀도가 다르기 때문이다. 사람의 시력은 공기밀도에 적응되어 있어 물속에서는 초점이 맞지 않는다.

이 문제를 해결하는 것이 수경이다. 수경은 눈과 물 사이에 공기층을 만들어 우리 눈이 물속에서 초점을 잡는 데 이상이 없게 하는 도구다. 따라서 수경 없이 작살질하기는 거의 불가능하다. 달인은 수경 없이 수없이 시도했지만, 여전히 풀지 못하는 숙제다. 동남아시아 한 부족은 어릴 때부터 수경 없이 활동하다 보니 물에서도 잘 볼 수 있다고 한다. 사람의 적응력은 한계가 없는 듯하다.

01 가장 빠르게 만드는 방법이 창이다. 곧은 나무의 끝을 뾰족하게 깎는다.

02 약 10cm 깊이의 네 귀퉁이로 쪼갠다.

03 벌어진 틈 사이로 나뭇조각을 끼워 넣어 공간을 확보한다.

04 갈라진 부분이 확장되지 않게 끼워 넣은 나뭇조각 아랫부분을 줄로 묶는다. 이때 중요한 매듭법이 일명 '손잡이 매듭'이다. 정식용어가 아니며, 달인이 손잡이를 만들 때 많이 쓴다. 한쪽 줄을 꺾은 후 짧게 잡고 나무에 가져다 댄다.

05 교차 부분을 엄지로 누르고, 긴 줄로 아래부터 감아 돌린다.

06 위쪽으로 감아올린 줄을 끝에 있는 고리 사이로 통과한다.

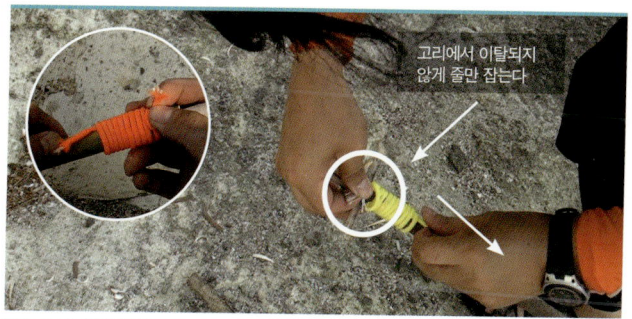

07 통과된 줄을 잡은 상태에서 아래쪽에 남은 자투리 줄을 강하게 잡아당긴다.

08 고리에 물려있는 위쪽 줄이 완전히 매듭 속으로 끌려들어 갈 때까지 아래쪽 줄을 세게 잡아당긴다.

09 아래쪽 자투리 줄을 칼로 자르면 끝난다. 이 매듭법은 나이프와 나무를 결합하여 창을 만들 때도 사용하며 활용범위가 매우 다양하다.

10 뾰족한 부분을 불에 태우고 다시 날을 세워주면 좋다. 열을 가하여 섬유질 속 습기를 빼내고 조직을 단단하게 만든다. 담금질하지 않으면 나무의 섬유질이 물속에서 불어, 작살의 뾰족함을 오래 유지하지 못하고 한 번 빗맞으면 더는 쓸 수 없을 만큼 뭉개진다.

11 태운 부분을 중심으로 다시 날을 세운다.

작살 만드는 법 2: 일반 나무 연결촉 작살

연결촉 작살의 장점은 구하기 어려운 곧은 나무를 계속 본체로 사용하며, 손상된 촉만 바꿔주는 것이다. 촉을 바꿔가며 대상 물고기를 공략할 수 있어 작살의 성공 확률도 높일 수 있다.

01 사용할 촉을 먼저 깎는다. 연결 부위는 넉넉하면 좋다. 촉에는 반드시 미늘을 만든다.

02 위에서 보았을 때 연결 부위는 두껍고 아래쪽은 얇은 구조로 만든다.

03 작살촉을 연결할 나무를 4등분으로 쪼갠다.

04 4등분한 나무속으로 촉을 밀어 넣는다. 연결 부위는 두껍고, 내부는 얇게 촉을 깎은 이유는 4등분으로 쪼갠 나무의 내부가 좁고 앞쪽은 넓어지기 때문에 서로 접촉점이 많아 쉽게 빠지지 않게 하기 위해서다.

05 연결 부분을 손잡이 매듭으로 마무리하면 벌어지는 것을 막고 촉도 튼튼히 고정된다.

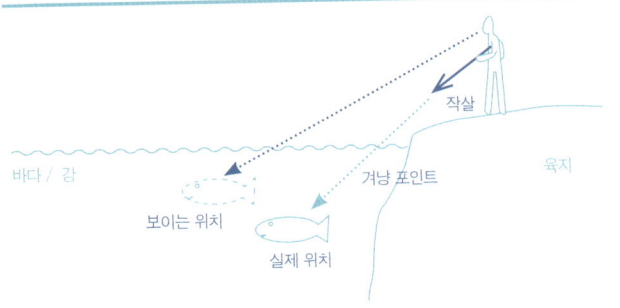

06 고무줄이 없으면 긴 작살을 만들어 물 밖에 서서 표면 가까이에 유영하는 고기를 노려야 한다. 이때 빛의 굴절을 이해해야 한다.

달인의 팁:

물 밖에서 물속의 고기를 찌를 때는 반드시 실제 보이는 위치보다 아래쪽을 겨냥해야 한다. 빛의 굴절에 의한 착시다. 투명 컵에 빨대를 꽂고 위와 옆에서 굴절된 모습을 보면 쉽게 이해할 수 있다.

보우피싱(활로 고기를 잡는 법) 할 때 물고기가 보이는 곳을 바로 겨냥했기 때문에 실패한 적이 있다. 실제 물고기는 보기보다 더 가깝고, 깊은곳에 있다는 것을 깨닳았다.

반드시 보이는 곳보다 더 가깝고 깊은 곳을 겨냥해야 고기의 몸통을 꾀뚫을 수 있다. 물고기가 깊이 있을수록 착시는 더 심해진다. 물 밖에서 물 속으로 사냥할 때 성공확률은 이를 얼마나 경험적으로 잘 바로잡느냐에 달렸다. 작살은 2.5~3m 정도의 길이가 되어야 깊고 빠르게 그리고 정확하게 찌를 수 있다.

작살 만드는 법 3: 대나무 연결촉 작살

대나무만큼 좋은 작살 재료는 없다. 구하기 쉽고, 단단하고, 내부가 비어 가볍다. 가벼운 만큼 물속에서 속도도 빠르다.

01 대나무 마디 앞쪽 5~7cm 정도를 남겨놓고 잘라낸다.

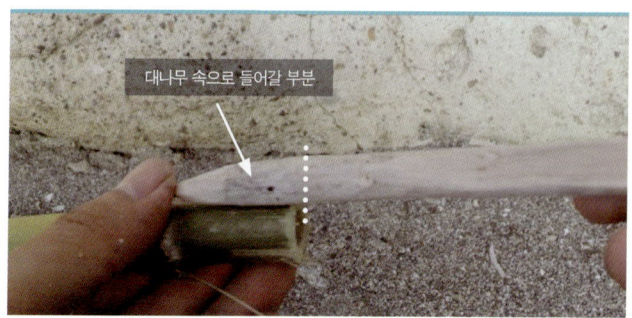

02 대나무 구멍의 내경보다 더 굵은 나뭇가지를 구한다. 들어가는 부분을 체크하고 돌출될 부분을 깎는다.

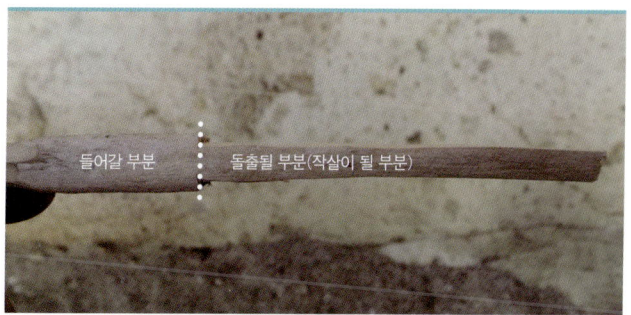

03 돌출될 부분은 위아래를 균형있게 깎아 작살의 모양으로 다듬는다.

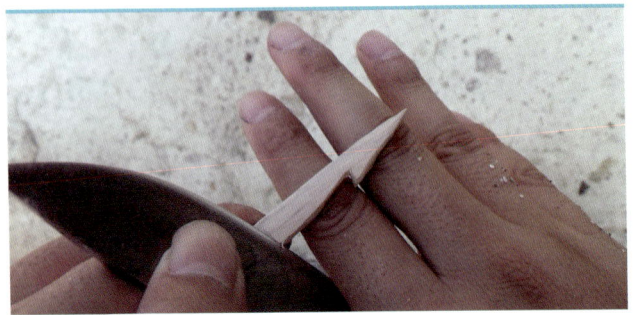

04 작살 끝에서 약 2~3cm 지점에 미늘을 만든다. 미늘을 만들면 고기는 도망가기 힘들다.

05 끝은 불로 조금 태우고, 다시 날을 잡는다.

06 대나무 구멍에 작살을 꽂는다.

07 손잡이 매듭으로 작살촉이 결합한 부분을 묶는다. 충격으로 대나무가 쪼개져서 작살촉이 빠지는 것을 막는다.

대나무 마디 라텍스 매듭

08 고무 라텍스를 묶어 고리를 만들고, 고무 라텍스 매듭 아래 부분과 가장자리 대나무 마디 사이를 줄로 묶는다. 라텍스 매듭이 묶인 줄과 대나무 마디 때문에 걸려서 아무리 강한 장력으로 당기더라도 쉽게 미끄러지지 않는다(일반 나무는 고무줄을 연결할 부분에 홈을 만들면 좋다).

09 이 작살로 잡은 물고기이다. 미늘 때문에 빠져나가지 못한다.

그물 만드는 법

그물은 용도가 다양하다. 고기를 잡거나, 통발을 덮을 수 있고, 덫, 해먹, 배낭이나 봇짐 등으로 사용할 수도 있다.

01 두 나무 사이에 줄 하나를 팽팽하게 연결한다. 줄 길이는 만들고 싶은 그물의 길이와 비례한다.

02 연결할 줄을 같은 길이로 잘라 놓는다.

03 매듭의 시작은 가장 왼쪽에서 시작한다. 연결줄을 반으로 접은 상태에서 앞에서 덮듯이 넘긴다.

04 넘긴 공간 사이로 앞에 있는 두 줄을 잡아당겨 완전히 빼낸다.

05 아래로 바짝 잡아당기면 기본 줄에 견고히 매듭으로 연결된다.

06 기본 줄에 이렇게 두 가닥으로 된 연결줄을 걸친다. 연결줄이 많을수록 그물코(구멍)의 크기는 작아지고, 중노동의 시간은 길어진다. 본인이 가진 줄과 사용 목적 및 대상물에 따라 그물코 크기를 결정한다.

07 본격적으로 그물코를 만드는 작업이다. 작업순서는 왼쪽에서 오른쪽이다. 먼저 왼쪽 첫 번째와 두 번째 줄 사이에 마주 보고 있는 안쪽 줄 한 가닥씩을 잡는다.

08 왼손 검지와 중지를 이용해 한 번 말아 주며 옭매듭 처리한다.

09 말아주며 옭매듭을 하는 이유는 반복 작업할 때 속도를 높여주기 때문이다.

6장 필수 서바이벌 기술: 수렵

완전히 잡아 빼냄

10 좌우 줄 길이가 같게 맞추고, 옭매듭을 마무리한다.

11 두 번째 남은 한 줄과 마주 대하는 세 번째 줄의 한 가닥을 잡아 똑같이 옭매듭 처리한다.

12 매듭을 바로 잡아당기지 않고 느슨한 상태에서 옆의 매듭 위치를 확인하여 만들어질 그물코의 크기를 맞추는 것이 중요하다.

13 옆 매듭과 위치를 맞추었다면, 그물의 좌우 대칭도 맞추고 매듭을 마무리한다.

14 이제부터는 오른쪽 끝까지 같은 방법으로 서로 연결한다. 즉, 두 가닥의 연결줄 안쪽 가닥끼리 옭매듭 한다.

15 중요한 부분이 남았다. 마지막 남은 한 가닥과 오른쪽 끝줄을 매듭 할 때는 높이를 한 단계를 낮추어 매듭하고, 이제부터는 오른쪽에서 왼쪽으로 이동하며 매듭을 지어 나가야 한다. 왼쪽 끝으로 바로 넘어가면 안 된다. 갈 지(之)자처럼 지그재그 순으로 매듭을 지어나가야 모양을 일정하게 유지할 수 있다. 첫 줄을 마무리하고 많이 헷갈릴 수 있다.

시작은 왼쪽에서 오른쪽으로, 2단은 오른쪽에서 왼쪽으로, 3단은 왼쪽에서 다시 오른쪽으로 Z자처럼 무한 반복한다.

그물이 빠지지 않게 옭매듭을 겹치게 2~3번 해준다

16 줄이 부족할 때까지 계속한다. 그러면 그물이 완성된다. 나무에 걸린 기본줄을 풀고, 그물의 좌우 끝 부분과 맞닿는 곳에 굵은 매듭을 지으면 연결줄이 빠져나가지 않는다.

달인의 팁:

매듭이 마무리되어 갈수록 완전한 직사각형이 아닌 역 마름모꼴로 만들어지는 것을 알게 될 것이다. 정상이다. 기계로 짜지 않는 이상 그물을 짜나갈수록 아래 폭은 좁아진다. 걱정 말고 계속 매듭을 지어 나가면 된다.

포유류 수렵 도구 만드는 법

02

덫(트랩) 만드는 법 1: 피겨 4 트랩 figure four trap

우리나라에서 허가되지 않은 수렵은 불법이다. 그러나 생존 상황이라면 내가 살기 위해서는 할 수밖에 없다. 수렵에 필요한 여러 종류의 덫이 있지만 가장 간단하며 설치류나 새와 같은 작은 동물을 잡는 데 효과적인 피겨 4 트랩만 소개하고자 한다. 덫이 이름처럼 숫자 4 모양이다.

01 나뭇가지 3개를 준비한다. 나무 길이에 따라 덫의 높이와 길이가 달라진다. 잡을 대상의 키를 고려하여 길이를 조절한다.

02 숫자 4를 만들어 놓고 작업을 하면 좋다. 교차점들이 나와야 한다.

03 3번 지점에서 겹치는 부분을 칼로 표시하고 맞닿은 부분을 깎아낸다.

04 1번, 2번 지점과 맞닿는 부분을 한쪽에는 홈을 내고, 맞물리는 부분은 둥근 송곳이 아닌 좌우만 깎아낸 송곳 형태로 깎고 맞춘다.

05 결합할 때 요령은 십자 모양을 먼저 맞춘 후, 위에 비스듬한 막대를 올려 홈에 맞추고, 아래쪽 가로 막대를 살짝 누르면 홈들이 서로 맞물린다.

06 누른 상태에서 남은 손으로 상단 결합부를 누르면 해체되지 않고 모양이 유지된다. 달인은 한 손으로 촬영을 해서 같은 손으로 작업했지만, 두 손을 사용하면 더 빠르고 안정적으로 모양을 유지할 수 있다. 이렇게 해놓아야 무거운 물체를 거치하기 편하다.

07 한 손으로는 상단 나무를 눌러 모양을 유지하고, 다른 한 손으로는 사냥감을 덮칠 나무나 돌을 거치시키고 균형을 맞춰가며 조심히 손을 뗀다.

덫(트랩) 만드는 법 2: 피겨 4 라인 트랩 figure four line trap

01 나뭇가지 2개와 줄을 연결한 짧은 가지 한 개를 준비한다.

02 나무를 놓아두고, 수직으로 맞닿는 부분을 깎는다. 땅에 고정할 긴 막대를 준비한다.

03 2번 지점의 홈에 수직으로 나무를 연결하고 1번 지점의 줄을 세로 막대에 안에서 밖으로 한 바퀴 감아 돌린다. 작은 가지가 상단 가지와 직각이 되어야 한다.

04 긴 가지를 이용해 작은 가지(방아쇠역할)가 직각을 유지할 수 있게 받쳐준 후, 반대편 끝은 땅에 꽂아 고정한다. 그 위에 무거운 물체를 올린다.

필수 서바이벌 기술:

하강

07

하강하는 방법은 자신뿐만 아니라, 다른 사람을 구할 수 있어서 매우 의미있는 기술이다. 달인은 등산이나 해안을 트래킹하며 하강 기술로 여러 번 위험을 극복한 경험이 있다. 다만 정식 암벽등반과 같이 잘 갖추어지지 않은, 최소의 안전만 보장하는 장비를 이용하기 때문에 위험이 크다. 말 그대로 생존 상황에서 어쩔 수 없이 선택하는 기술이어서 안전을 보장할 수 없다.

오해하면 안 된다. 이것은 생존 기술이다. 현재의 위험을 안고 더 큰 위험을 피하는 기술이다. 안전을 바탕으로 한 레저용 등반 기술이 아니다. 따라서 최소의 안전 장비조차도 갖추어지지 못한 상태에서는 절대 시도하면 안 되는 기술이다.

생존 기술로써 하강에 필요한 최소의 안전 장비는 다음과 같다.

1. 보조자일(20~30m, 두께 8mm, 무게 약 1~1.5kg)
2. 파라코드
3. 등반용 카라비너 2개
4. 8자 하강기 1개

달인은 내셔널지오그래픽, '캠핑크루'에서 「서바이벌 비박」 촬영차 강원도 오지에 하산하며 직벽을 극복할 때 이 방법을 사용했다. 이미 지나온 길로 되돌아가기에 너무 지쳤거나, 하강하는 지점이 최상의 지름길이라 판단했을 때 위험을 안고 과감하게 시도하는 탈출 및 구조 기술이다. 좀 어려워 보이고 거추장스러워 보이더라도 반드시 익혀두면 실제 생존 상황에서 도움이 된다.

생존의 달인
한마디,

**"위험을 피하거나,
받아들이거나,
안고 돌파하거나,
생존은 늘 3가지 선택지를
제시한다.
이때, 기술이 다양하면
답도 다양해진다"**

하강하는 법

01

하네스 만드는 법

하강할 때 체중을 지탱해줄 자일도 중요하지만, 자일과 연결되는 몸과의 접점도 중요하다. 접점이 안정될수록 하강이 안전해진다. 안정된 접점을 만들어 주는 기술이 하네스 만드는 매듭이다. 군 복무를 한 남자들이라면 유격 때 마닐라 로프로 직접 만들어 봤을 것이다. 하네스는 하강할 때 뿐만 아니라 내가 구조를 받아야 하는 상황이면 미리 그리고 항시 착용해야 한다. 그러면 구조자가 좀 더 쉽고 안전하게 여러분을 구조해줄 수 있다.

01 자신의 양팔 간격 2회 만큼의 줄이 필요하다. 통상 3.5m의 자일이 필요하지만, 줄의 두께가 두껍고 체격이 클수록 좀 더 여유 있는 길이가 필요하다. 짧은 것보다 남는 게 낫다.

02 달인과 같은 오른손잡이는 반으로 접은 줄을 왼손으로 잡아 허리춤에 갖다 댄다.

03 왼손은 허리춤에 붙인 상태에서 오른손을 이용하여 허리를 한 바퀴 두른다.

오른쪽으로 허리를 감은 줄이 아래로 향할 것

04 오른쪽으로 돌아 나온 줄은 아래로, 왼쪽 허리춤에 있는 줄은 위에 놓이게 한다.

05 위에 놓인 왼쪽 줄을 아래에서 위로 두 번 감는다. 그러면 줄의 위치가 서로 바뀐다.

오른쪽으로 2회 감아줌

왼쪽 허리춤에 있던 줄

06 줄을 양다리 사이로 늘어뜨려 그대로 가랑이 사이로 빼낸다.

07 매우 팽팽하게 잡아당겨 줄과 몸에 공간과 느슨한 부분이 없게 한다. 남자들은 극명하게 자신의 낭심이 드러나게 한다.

08 엉덩이로 빼낸 줄을 허리줄 안쪽으로 빼낸다.

09 반대편도 똑같이 줄을 빼낸다.

10 엉덩이에 걸쳐진 줄을 약간 잡아당겨 공간을 만들고 빼낸 줄을 안쪽으로 통과한다.

11 줄이 완전히 빠져나가지 않게 잡아 고리를 만든다.

12 빠져나갔던 줄이 다시 되돌아오며 왼손으로 만들어 놓은 고리를 통과한다.

몇 번 가랑이 사이 줄 텐션을 조절하고 매듭을 꽉 잡아당긴다

13 잡아당겨 매듭을 짓는다. 반대쪽도 같게 반복한다. 매듭을 완전히 짓기 전에 가랑이 사이가 헐렁거리지 않게 쭈그려 앉은 상태에서 과할 정도로 팽팽하게 달라붙게 조절한다.

14 왼쪽 줄이 상대적으로 짧다. 매듭을 시작할 때 왼쪽 허리춤에서 줄을 돌린 이유는 왼쪽 줄이 짧고 오른쪽 줄이 길게 하기 위해서다.

15 긴 오른쪽 줄로 왼쪽 줄과 맞매듭을 마무리한다. 왼쪽 허리에 매듭이 만들어진다.

달인의 팁:

오른손잡이는 오른쪽 허리 부분으로 하강줄이 내려가기 때문에, 오른쪽에 매듭이 지어지면 제동을 거는 오른손 부위가 매듭 자투리 때문에 거추장스럽고 손의 위치 잡기가 나쁘다. 그래서 오른손잡이는 마무리 매듭이 왼쪽에 오게 한다. 왼손잡이는 매듭의 시작을 오른쪽에서 한다. 즉, 하강줄이 내려가는 부분을 매끄럽게 한다.

16 자투리 줄들은 걸리지 않게 정리한다.

17 앞쪽의 모습이다. 보기에 불편할 수 있어 줄의 텐션을 느슨하게 했다. 실제는 낭심이 터져 나올 듯한 형상이 되면 제대로 매듭이 된 것이다.

하네스와 카라비너 연결법

하네스와 카라비너를 연결하는 것은 매우 중요하다. 특히 카라비너는 개폐 부분이 반드시 하늘을 향해야 한다.

01 배꼽 부분의 줄 모두를 잡아채고, 카라비너를 개폐구가 몸쪽으로 오게 한다.

반 바퀴 돌린다

02 카라비너를 연결하고 반 바퀴 돌린다.

카라비너 개폐구가 하늘 방향

03 카라비너를 뒤집어 개폐 부분이 하늘을 향하게 한다. 카라비너에서 가장 약한 부분인 개폐 부분이 아래로 향하면 하강 중 무게에 의해 부러질 수 있다. 이는 큰 사고로 이어질 수 있다. 나사식 잠금 기능이 있는 경우 완전히 조인다.

달인의 팁:

카라비너가 없으면 보조자일이나 파라코드로 고리 형태의 매듭을 만들어도 좋다. 달인은 카라비너가 없을 때 더블 피셔맨 매듭으로 고리 2개를 만들어 대신해 사용하기도 한다.

하강하는 법 1: 8자 하강기

하강에 사용되는 가장 기본적인 장비는 8자 하강기다. 시중에서 쉽게 구할 수 있다. 무게도 가벼워서 휴대하기 좋고, 하강기 용도 이외에 줄을 연결할 때도 상당히 유용하게 사용할 수 있다.

양 끝 두 줄은 맞매듭으로 묶고, 아래로 던질 때 꼬이지 않게 코일을 만든다

나무의 밑동과 지면이 닿는 부분까지 내린다

01 일반적으로 하강줄을 견고하게 거치하기 좋은 대상은 굵은 생나무이다. 한 번 감고 양 끝줄을 맞추어 맞매듭으로 묶어준다. 줄을 사려서 코일을 만들어 손에 쥔다. 나무에 걸은 줄은 완전히 나무 밑동까지 내린다. 하강할 때 줄이 덜렁거리지 않고 덜 손상된다.

02 두 줄을 8자 하강기의 굵은 원안으로 통과한다.

한 줄일 경우는 작은 원을 사용

03 하강 높이가 상당하여 어쩔 수 없이 한 줄로 하강해야 하면, 8자 하강기의 작은 원으로 한 줄을 통과한다.

04 통과한 줄을 고리처럼 만들어 작은 원에 건다.

05 장갑이 없으면 반드시 왼손에는 손수건이나 천으로 잡은 줄을 감싼다. 손에 불이 난다는 의미가 무엇인지 확실히 깨달을지도 모른다. 오른손은 제동손 역할로써 하강 속도를 조절한다. 허리춤에 붙인다. 왼손은 몸의 균형을 잡는 역할을 하여 줄을 꽉 잡는다. 그래서 왼손을 마찰열로부터 보호하는 방법이 필요하다.

06 한 줄을 사용하면 작은 원에 줄이, 큰 원에 카라비너가 연결된다.

07 오른손(제동손)을 당기면 제동이 걸리고, 힘을 풀면 하강한다. 항상 오른손에는 어느 정도 제동을 걸어야(힘을 넣어 줘야) 안전을 위해 좋다. 즉 확 놓고 확 잡지 않아야 한다. 물론 익숙해지면 점프도 할 수 있다.

하강하는 법 2: 먼터히치 매듭법

8자 하강기가 없으면 먼터히치라는 제동 매듭법을 이용하여 하강한다. 내가 구조자 입장에서 조난자를 밑으로 내려보낼 때 사용하면 아주 좋다. 때로는 무거운 짐을 먼저 아래로 내려보낼 때도 유용하게 사용한다.

01 확보물에 파라코드로 2개의 고리를 만든다. 달인은 더블 피셔맨 매듭을 사용한다. 매듭의 신뢰성이 높기 때문이다.

달인의 팁:

별도의 고리를 만들어주는 이유는 줄을 거는 대상물의 표면이 거칠어 로프의 손상이 우려되어서다. 또한 하강할 때 로프 마찰을 최소화하고, 걸림 없이 줄을 쉽게 회수할 수 있다. 파라코드를 사용하면 한 줄당 인장 강도가 약 250kg이기 때문에 2~3개의 고리를 만들어 인장 강도에 여유가 있으면 좋다. 본인의 몸무게가 60~80kg이라 할지라도 추락할 때 하중은 3~5배 또는 톤 단위가 될 수 있기 때문이다.

02 두 고리에 하강줄을 통과한다. 크기가 같아야 줄의 하중이 분산된다. 고리 크기를 차이가 나지 않게 다시 체크한다.

03 체크가 완료되면 내려가는 줄의 끝 부분에 8자고리 매듭을 짓는다.

04 이제 먼터히치를 만든다. 왼손 줄을 오른손 줄 위에 얹어 고리를 만든다.

05 오른손 줄을 아래로 꼬아 고리를 만든다.

06 만들어진 좌우 고리의 위치를 반드시 확인한다.

07 두 고리를 잡은 상태에서 교차하거나 꼬지 않고, 가운데로 책 덮듯이 모은다.

08 두 고리에 카라비너를 연결한다.

09 나무에 확보된 고리에도 카라비너를 연결한다. 카라비너 위쪽은 기둥, 아래쪽은 먼터 히치와 연결되면 준비가 끝난다.

10 시작줄에 만든 두줄 8자고리 매듭을 하네스의 카라비너와 연결한다.

11 오른쪽이 제동줄이다. 마찰이 많이 걸리기 때문에 손이 직접 닿지 않게 잡은 손에 장갑을 낀다.

12 제동줄 쪽에 사려진 줄을 아래로 던진다. 바닥에 닿고도 충분히 여유있어야 한다. 닿지 않으면 절대 시도하지 않는다. 중간에 대롱대롱 매달린 채로 하강이 끝날 위험이 있다. 사람을 내려보낼 때는 줄 길이 전체가 하강줄 길이가 되지만, 자신이 하강할 때는 절반밖에 사용하지 못한다. 즉, 자신이 내려갈 때 줄의 최대 길이는 절반이다.

13 오른손 제동줄의 강약을 조절하며 천천히 내려간다. 한 손으로 제동을 조절할 수 있을 만큼 큰 힘이 들지 않는다.

달인의 팁:

자신이 하강하지 않고, 무거운 짐이나 조난자를 내려보낼 때는 하강줄에 대상을 묶고, 제동줄 쪽을 구조자가 잡은 상태로 천천히 줄을 풀어주며 강약을 조절한다. 시선은 잡고 있는 줄이 아닌 조난자나 짐이 내려갈 위치를 보며, 강약을 조절하고 조난자에게 하강정보를 전달한다. 멈추고 싶을 때는 제동줄을 강하게 잡아당기거나 체중으로 버티면 된다. 하강줄이 꼬이는 단점이 있지만 제동을 거는 기능이 우수하여 익혀두면 생존 상황에서 반드시 도움이 된다.

달인의 팁:

하강할 때 줄의 길이는 중요하다. 높이에 따라 두 줄로 할 것인지 한 줄로 할 것인지 결정하기 때문이다. 달인은 항상 두 줄 기준으로 높이를 계산한다. 즉, 30m 줄이면 15m로 생각하고, 그 이상은 될 수 있으면 피한다. 따라서 이에 따라 하강법을 다르게 해야 한다.

줄 길이 전체가 하강줄로 사용되는 방법
- 8자 하강기 한 줄 하강

줄 길이 절반만 하강줄로 사용되는 방법
- 8자 하강기 두 줄 하강
- 먼터히치 매듭법 하강
- 듈퍼식 하강

  (신체와 마찰을 높이기 위해 두 줄짜리로 사용하는 게 좋다)

하강하는 법 3: 듈퍼식 하강법

8자 하강기도 없고 하네스 만드는 법도 잊어버리면, 순수하게 줄과 몸의 마찰만 이용하여 하강해야 한다. 이때 사용하는 듈퍼식 하강법은 기억하기가 쉽지만, 안전신뢰도는 가장 낮다. 하네스와 카라비너, 8자 하강기가 없는 최악의 상황에서 사용하는 방법으로 경사가 심하지 않은 곳에서 사용한다.

01 줄을 가랑이 사이로 빼서 오른손에 잡아 든다.

02 왼손으로 줄을 잡아당겨 공간을 만든다.

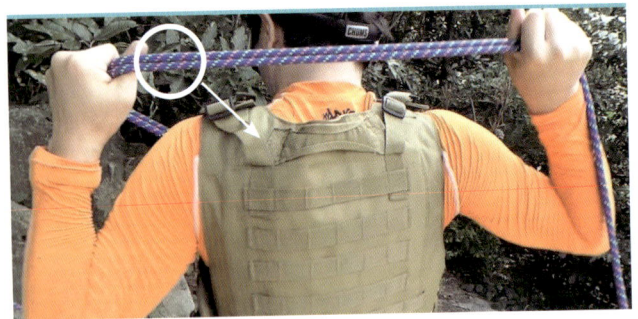

03 만들어진 공간 사이로 몸을 통과하고, 왼쪽 어깨에 걸친다.

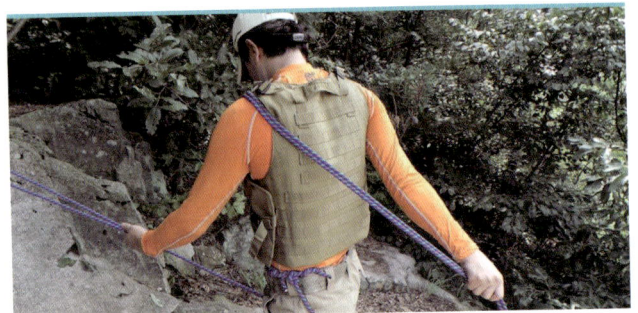

04 오른손이 제동손으로 앞쪽으로 잡아당기면 제동, 뒤로 풀면 하강한다.

05 줄이 통과한 가랑이와 걸쳐진 어깨에 타들어 가는 고통이 따른다. 따라서 하강속도를 빨리하면 안 된다. 제동을 잡고 싶을 때는 완전 허리춤까지 줄을 잡아당겨 버틴다.

장갑 또는 천으로 마찰열이 직접 손에 닿지 않게 한다

06 듈퍼식으로 직벽을 하강하는 모습이다.

필수 서바이벌 기술:

기타

08

아웃도어에서 고립될 때, 가장 큰 고민은 '움직일 것인가', '기다릴 것인가'이다. 움직이려면 명확한 행선지가 있어야 하고, 기다리려면 구조될 때까지 버틸 수 있는 여건을 만들어야 한다. 그럴 수 없다면 좀 더 나은 여건을 찾거나 고립상황을 벗어나기 위해 어쩔 수 없이 이동해야 한다.

우리나라에서 고립되거나 조난당할 때는 그 자리에 머물러 구조를 기다릴 것을 추천한다. 무작정 움직이는 것은 조난상황을 더 악화시킬 수 있다. 흔히 조난을 당하면, 주변을 한눈에 확인하기 위해 산꼭대기로 올라가려고 한다. 현실은 그렇지 않다. 대부분의 산은 꼭대기에도 나무가 무성히 자라고 있어서, 사방은 헤치고 나온 숲과 전혀 다를 바 없이 나무로 꽉 막혀있다. 오직 바위로 된 꼭대기에서나 한눈에 볼 수 있을 뿐이다. 그러니 겨울을 제외한 나머지 계절에는 주변 상황을 보기 위해 산 정상으로 올라가는 것은 위험한 행동이다. 그리고 길이 없는 곳에서 억지로 올라가는 것 자체가 생존을 위협하는 상황이 된다. 그럴 경우 그 자리에 쉘터를 구축하고 구조를 기다리거나, 골짜기를 따라 내려가는 것이 더 현명한 방법이다.

이동할 때는 항상 방향을 생각하고 움직여야 맴돌지 않는다. 태양이나 간단한 도구로 방위를 측정하되, 이동하며 정기적으로 해야 한다. 그리고 가장 두드러진 지형지물을 지표로 정하고 이동하면, 방향을 놓치지 않을 수 있다. 만약 이동을 결정했다면 지팡이를 구해야 체력을 아낄 수 있다. 특히 탄성이 좋은 아카시아 나무나 단풍나무 지팡이는 울퉁불퉁한 지형을 걸을 때 중심을 잡도록 도와주는 중요한 도구이며, 야생동물로부터 보호받을 수 있는 방어수단이 되어준다.

생존의 달인
한마디,

**"출발 전,
 행선지와 돌아오는 날짜를
 반드시 지인에게
 기록과 문자로
 남겨야 한다"**

방위 및 시각 확인하는 법
01

방위 찾는 법 1: 그림자

생존 상황에서 방위를 찾는 것은 매우 중요한 기술이다. 내가 어디에서 왔고 어디로 갈 것인지 결정하는 데 꼭 필요하다. 그래야 헤매지 않는다. 지금 소개하는 방법은 매우 간단하지만, 실제 나침반과의 오차는 상당하다. 다시 한 번 말하지만, 이 기술은 생존 기술이다. 정확함이 아닌 오차의 위험을 안고 개략적인 방향을 결정하는 방법이다.

01 평평한 땅에 긴 나무막대기를 하나 꽂는다. 길이는 길수록 확인하기 좋다. 나무로 인해 생긴 그림자 끝에 돌 하나를 올린다. 태양은 한 시간에 15도, 분당 0.25도를 움직인다. 10~20분 기다리면 약 3~5도를 움직이며, 그림자 간격을 눈으로 확인할 수 있다.

02 첫 번째 그림자를 확인하고, 약 20분 후 생긴 그림자에 돌을 놓는다.

03 첫 번째 그림자와 두 번째 그림자를 직선으로 잇는 나무막대기를 놓는다. 막대기와 직각으로 다른 막대기를 올린다(두 번째 그림자 위치를 두고, 두 번 더 그림자 위치를 체크했다. 역시나 두 번째를 잇는 라인을 따라 움직인다. 그러니 딱 2번만 체크해도 된다).

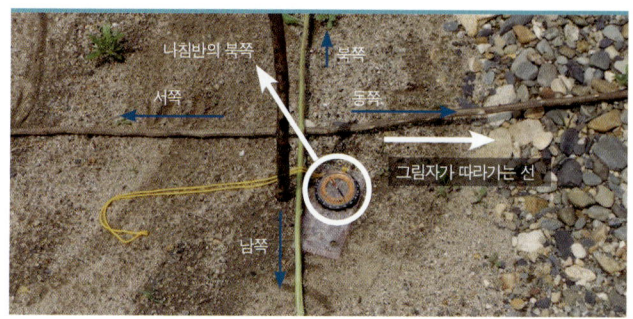

04 빛의 반대방향에 그림자가 남는 원리를 이용해 태양의 궤적을 추적하는 방법이다. 해가 동에서 뜨고 서로 지는 과정이 서에서 동으로 움직이는 그림자의 궤적으로 남는다. 책상에서 필기구를 세우고 후레쉬를 비춰 해처럼 이동하면, 쉽게 이해할 수 있다. 첫 번째 표시해둔 그림자를 기준으로 보면, 두 번째 그림자는 서쪽으로 가는 해가 남긴 흔적, 즉 정반대인 동쪽을 가리킨다. 그러면 첫 번째 그림자 쪽은 서쪽이다.

> **달인의 팁:**
>
> 실제 나침반이 가리키는 방위는 어떨까? 비교해보면 오차를 알 수 있다. 따라서 생존 기술의 방위측정은 개략적인 방위를 찾는 데 의미를 두어야지 정확한 방위를 찾는 것은 무리다.

05 우리가 의지하는 스마트폰의 GPS 나침반도 신뢰하기 어렵다. 기계 또는 어플리케이션의 오류로 실제 방위와 차이가 날 수 있다.

06 신뢰도가 높은 나침반과 휴대용 GPS는 거의 같은 북쪽을 지향한다. 그에 비해, 그림자와 스마트폰은 오류가 있다.

방위 찾는 법 2: 시계

손가락이나 긴 가지를 이용해 해를 가리키고, 그 라인을 따라 내려서 땅바닥까지 잇는다. 손가락이나 가지를 태양과 일직선으로 향하게 땅에 놓고, 시계의 시침과 맞춘다.

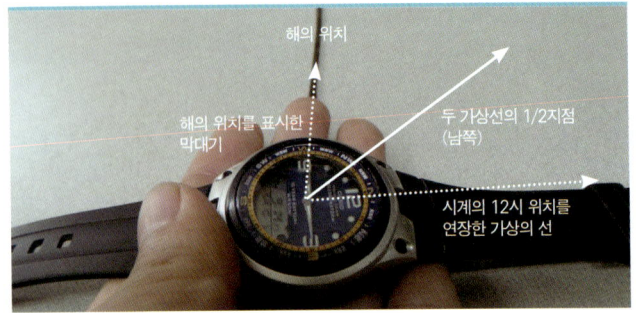

01
1. 시계를 수평으로 놓고,
2. 해의 위치를 가리키는 막대기나 표시 시침을 맞추고,
3. 12시와 시침의 1/2을 지나는 가상선이 바로 남쪽을 가리키는 방향이다.

달인의 팁:

우리나라처럼 북반구는 이렇지만, 남반구는 다르다. 만약 남반구에서 방위를 측정하면, 해의 위치에 12시를 맞추고, 시침과 12시 1/2지점이 북쪽이다. 주의해야 한다. 한국형 서바이벌은 북반구 방법만 기억하면 된다.

02 방위를 수시로 판독할 때, 시계를 수직으로 세워 태양과 시침을 일치시키고, 이 상태에서 시계를 수평으로 꺾어 확인하면 신속히 방위를 판독할 수 있다. 다시 강조하면, 태양과 시침을 맞춘 후 시계를 눕힌 상태에서 방위를 판독한다.

03 시계가 없거나 디지털 시계라면, 직접 종이에 현재 시각을 그려 사용한다.

04 마찬가지로 시침을 맞춘 후, 수평으로 눕혀야 판독이 쉽다.

나침반이 가리키는 북쪽

시계로 얻은 북쪽 방위

05 이 방법도 실제 방위와 편차가 있다. 해를 이용하는 방위측정은 적도에 가까울수록 더 정확한 방위를 얻을 수 있다.

방위 찾는 법 3: 철사

가장 간단하고, 확실한 방법이다. 우리가 사용하는 나침반과 같은 방법이므로 신뢰도가 높다. 지구의 자기장을 이용하는 나침반도 오류가 있을 수 있다. 특히 나침반 바늘의 자력이 약해지면 오류가 커진다. 오래되었거나 손상된 나침반은 신뢰도가 떨어질 수 있다. 또한 나침반 근처에 철재 장비나 전자제품이 있다면 상호간섭으로 인해 오류가 발생한다. 따라서 이런 방법을 쓸 때는 몸에 있는 철재 장비나 전자제품을 나침반에서 최소 1미터 이상 이격시켜야 오류를 최소화할 수 있다.

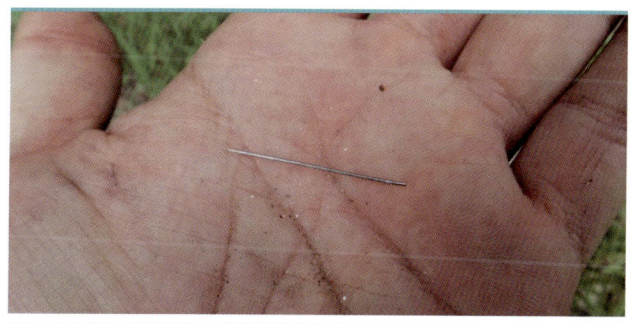

01 가늘고 긴 철사 하나가 필요하다. 무게가 중요하며, 나뭇잎이나 풀 위에 올려도 가라앉지 않을 정도면 된다. 그래서 무게와 모양을 고려하면 바늘이 가장 좋은 재료이다. 사진의 철사는 주운 옷핀이다.

02 검지와 중지를 이용해 머리카락에 밀착시켜 약 10초간 비빈다.

03 컵이나 물을 담을 수 있는 그릇에 나뭇잎 또는 풀잎을 놓고, 위에 비빈 철사나 바늘을 올린다.

04 마찰로 자성을 띤 바늘이 극을 찾아 물 위에서 움직이기 시작하고, 극성이 완전히 정해지면 한 방향에서 멈춘다.

8장 필수 서바이벌 기술: 기타

05 앞의 태양을 이용하는 두 기술과 달리 비가 오지 않는다면, 태양과 흐린 날씨에 구애를 받지 않는 방법이다.

달인의 팁:

이 방법은 다른 방법에 비해 남북극선이 정확하다. 다만 어느 쪽이 남쪽 혹은 북쪽인지 알 수가 없다. 지구도 하나의 큰 자석이다. 지구의 북쪽은 S극성, 남쪽은 N극성을 가진다. 나침반의 N이라고 적힌 바늘 끝은 N극성을 띄게 하였기 때문에 자신과 짝짜꿍이 가능한 S극성의 북쪽으로 움직인다. 실전에서 철사를 마찰시키면 자성을 가져 같은 극은 밀어내고, 다른 극은 잡아당기며 움직이는 데, 문제는 나침반과 달리 마음대로 한쪽의 극성을 조절할 수 없다는 것이다. 철사 내에 생긴 N극성과 S극성이 알아서 일사불란하게 자신과 맞는 북극과 남극으로 정렬되기 때문에 우리는 이 선이 남쪽과 북쪽을 잇는 방향이라는 것밖에 알 수 없다. 따라서 앞서 소개한 두 방법으로 보완하면 정확한 방향을 알 수 있다.

달인의 팁:

나뭇가지가 자란 방향은 남쪽, 이끼가 많이 낀 방향은 북쪽, 나이테가 좁은 방향은 북쪽 등 자연현상으로 방위를 측정하기도 한다. 하지만, 해당 지형의 특색에 따라 빛의 양과 그림자가 얼마든지 달라질 수 있기 때문에 오류가 많다. 여러 곳에서 자연현상과 나침반을 이용해 비교해보니, 일부는 같고 일부는 달랐다. 따라서 참고만 할 뿐 절대적으로 신뢰하면 안 된다.

달인은 별자리를 사용하지 않는다. 왜냐하면 밤에는 움직이지 않는 것이 생존전략이고, 요즘은 별도 잘 보이지 않는다. 방위를 보는 가장 큰 이유는 이동할 때 방향을 유지하기 위함이다. 낮 동안 이동하며 수시로 체크하는 것이 바람직하다.

산에서 길을 잃을 때, 계곡을 타고 내려오면 좋다. 계곡에 물이 있다면 당연히 강으로 연결되고, 강은 사람들이 사는 곳으로 이어진다. 만약 작은 개울이나 시냇물을 만난다면, 무조건 하류로 따라 내려가야 한다. 바람이 불거나 어디가 상류인지 하류인지 구분하기 힘들때, 나뭇잎이나 풀을 물에 띄워 지켜보고 흘러가는 곳이 하류이다. 바람조차도 물의 지속적인 흐름을 계속 막을 수는 없다. 만약 잘못된 판단으로 상류로 올라가면 더 깊은 산 속으로 들어갈 수 있기 때문에 방향을 결정하기 전에 꼭 해보면 좋다.

일몰 시각 확인하는 법

일몰 시각의 예측은 계속 움직일지, 멈출지, 언제부터 집을 지어야 할지를 결정하기 위해 매우 중요하다. 원시적인 방법 같지만, 체감 일몰 시각은 오히려 천문우주지식정보의 일몰표보다 정확하다.

01 팔을 태양을 향해 쭉 펴고 손목을 꺾어 태양 아래에 검지를 수평으로 위치한다. 이때 손가락을 아래위로 움직이며 태양의 빛이 가장 작아지는 지점이 기준점이 된다. 손가락으로 해를 완전히 가리는 방법은 추천하지 않는다. 뒤에서 설명하겠지만 해를 가려서 측정하면 여유시간을 얻지 못하기 때문이다.

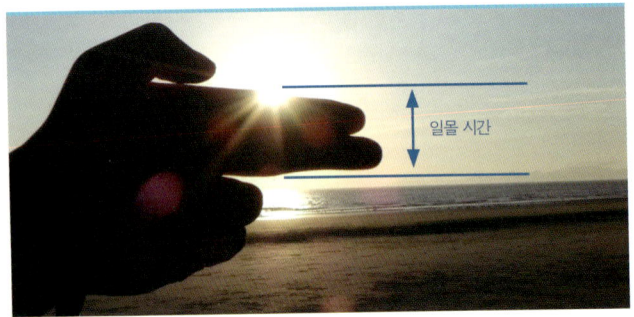

02 손가락을 펴가며 수평선과의 공간을 메워간다.

성인 남성 손가락 기준으로 각 손가락 세 번째 마디(가장 굵은 마디)의 두께가 15분을 가리킨다. 즉 손가락 두 개면 30분, 세 개면 45분이 남은 것이다. 예를 들어 손가락 네 개가 들어간다면, 일몰까지 한 시간 남은 것이다.

일반적으로 한 시간 후에, 해는 수평선 바로 위에 위치한다.

즉 한 시간 후에도 아직 해는 수평선 위에 걸려 있기 때문에 눈으로 인식할 정도의 빛은 남아 있다. 여기서 완전히 해가 지는 수평선 아래로 가려면 20~30분이 더 소요된다. 달인은 이 인저리 타임을 확보하기 위해 손가락으로 완전히 해를 가리며 측정하지 않는다.

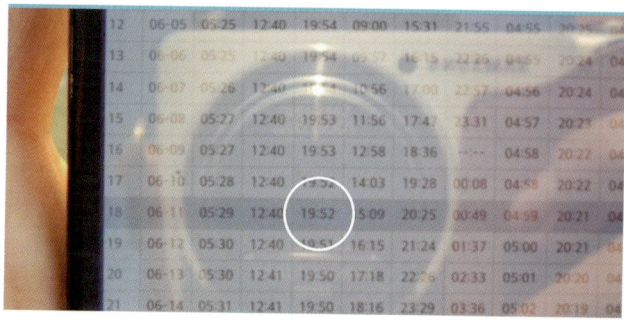

03 사진을 찍을 때 시각은 오후 7시 15분경이었다. 카메라 앵글 기준으로는 손가락 2개 반, 즉 30분 + 7.5분 = 37.5분 후에 해가 거의 진다. 그러나 카메라 앵글 시점과 눈으로 측정한 시점의 차이가 있었다. 당시 눈으로 확인한 바로는 손가락 4개 반 정도가 일몰 측정값이었다. 1시간 하고도 7.5분. 즉 오후 8시 22~23분 정도가 수면에 해가 걸리는 시각이다.

인터넷으로 확인한 서해 안면도 인근의 일몰 시각은 19시 52분이었다. 카메라 앵글 기준의 일몰 시각과 비슷하다.

04 천문우주지식정보에 표시된 일몰 시각인 2013년 7월 18일 19시 52분에도, 여전히 해는 수평선 위에 있었고 눈으로 충분히 사물을 인식할 정도였다.

05 손가락으로 측정한 예상 일몰 시각인 20시 20분경에, 해는 수면에 걸려있고 어느 정도 사물의 인식이 가능했다. 즉, 아직 완전히 어두워지려면 10~20분 정도가 남은 것이다. 이때, 하던 작업을 마무리해야 한다. 완전히 어두워지면 후레쉬 없이 아무것도 할 수 없다. 그래서 인저리 타임이 필요하다.

달인의 팁:

약 10여 분 후 해가 수면 아래로 거의 가라앉고, 눈앞에 물체도 거의 식별하기 힘든 상황일 때, 경험과 실험이 어느 정도 일치하는 것을 확인하고 기록을 남겼다. 몇 분 후 완전한 일몰이라 생각할 때 바다 한가운데로 조명탄이 솟구쳐 올랐다. 군인들이 일몰에 맞추어 야간훈련을 시작하는 줄 알았다.

그날 밤 그곳에서 비박을 하고 다음날 집으로 돌아와 TV를 시청하는 데, 순간 몸이 얼어붙었다. 2013년 7월 18일은 안면도 백사장해수욕장에서 해병대 캠프에 참가한 공주사대부고 학생 5명이 실종된 날이었다. 조명탄은 낮 동안 진행된 수색작업의 실패로 야간 수색작업을 위한 것이었다.

어른들의 안일한 안전의식이 소중한 아이들의 생명을 앗아간 어처구니없는 사고가, 나와 불과 20여 분 떨어진 곳에서 일어났다고 생각하니 정신이 멍했다. 그때 사람이 많지 않아 촬영이 쉬운 마검포해수욕장에 있었다. '과연 내가 그곳에 있었더라면 살릴 수 있었을까?', '나에게는 로프가 있고 부력도구를 만드는 장비도 있다', '내 몸에 로프를 묶고, 한 명을 먼저 로프로 엮고, 잡아당기고, CPR을 하고, 다시 들어가서 한 명을 구하고… 아니 두 명을 한꺼번에 묶어서…' 아무리 계산한들 무슨 의미가 있을까 했지만, 뭔가에 홀린 듯 계속 한 명씩 구하는 시간을 계산하고 있었다.

훗날을 기약하며 구상하던 서바이벌 캠프의 아웃도어 세이프티 캠페인Outdoor Safty Campaign 계획을 앞당긴 동기가 바로 이 사건 때문이다. 사고가 일단 일어나면 통제하기 어렵다. 사고가 일어나기 전에 위험을 예측하고 피하는 것이 진정한 생존 기술이다.

다시 한 번, 고인과 유족들에게 삼가 조의를 표하는 바입니다.

기타

02

의자 만드는 법

일반적으로 의자는 천으로 된 포대로 많이 만든다. 「생존 최강 달인: 혹한기 편」에서 세탁물 보관 자루를 이용해 의자를 만들었다. 생존에서 자루나 포대를 얻기는 쉽지 않다. 그럴 경우 바지를 이용한다.

01 같은 길이의 가지와 긴 가지를 준비한다.

02 바지의 끝단을 서로 포갠다.

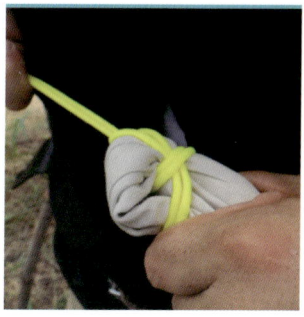

03 해먹 매듭(165쪽)으로 두 바지의 끝단을 단단히 묶는다.

04 삼각대를 묶어 놓은 교차점에 걸어 놓는다.

05 굵은 가지를 이용해 바지의 허리띠 부분부터 안으로 감아올린다.

06 가랑이 부분까지 말아 올리고, 가랑이 사이로 나무와 말아 올린 바지를 묶는다.

07 그럼 이런 형태의 의자가 완성된다.

긴 막대로 의자의 기울기를 원하는 만큼 조절

08 나무만 튼튼하면 어른 체중을 거뜬히 견디고도 남으며, 상당이 편안하다. 나무가 더 길면 소파에 누운 듯한 자세도 만들 수 있다.

스키 만드는 법

눈이 많은 곳에서 원활한 이동을 위해 스키를 만들어 신으면 눈신을 대신할 수 있어서 체력을 아낄 수 있다. 또한, 짐을 싣는 수레에 달면 눈길에도 쉽게 무거운 짐을 운반할 수 있다. 다만 만드는 시간이 최소 3~5시간 정도 걸리므로 충분한 시간적 여유를 가지고 힘을 아껴가며 만들어야 한다.

01 자신의 키 1.5배 정도 되는 길이와 30cm 정도의 일정한 두께를 가진 생나무를 준비한다. 그러나 그 정도 나무를 베는 것은 매우 어려워서 자신의 키 정도 되는 죽은 나무를 사용해도 괜찮다.

02 실제 필요한 나무는 심재 중심으로 가운데 넓은 부분이다. 따라서 나무의 바깥쪽을 먼저 잘라내야 한다. 도끼를 이용해 틈을 만든다.

03 틈으로 나무로 깎은 쐐기를 박아 넣는다.

04 확장된 틈을 따라 쐐기를 계속 박아 넣는다.

05 반복하면 나무를 쪼갤 수 있다. 나무쐐기를 사용하는 방법을 익혀두면 사용할 상황이 많다.

06 필요한 두께만큼 도끼로 조금씩 쪼개어 다듬는다. 나무는 얇을수록 휘기 좋으나 처음부터 얇게 쪼개려 하다가 나무 전체가 손상될 수 있다.

07 쪼갠 나무를 스키의 모양을 내기 위해 다듬는다. 말처럼 쉽지는 않다. 달인은 3시간 동안 깎고 다듬고 발에 대어보고 또 깎고 다듬었다.

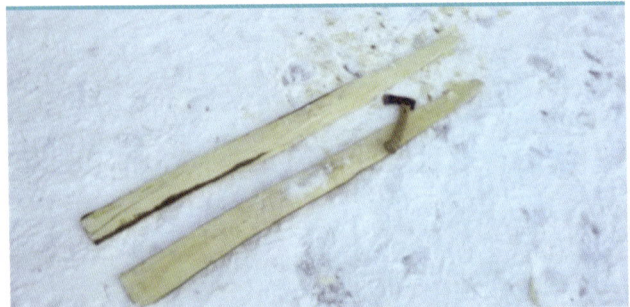

08 점심무렵 시작하여 해질때쯤 스키 모양을 만들었다. 따라서 이 기술은 장기 생존전략에 적합하며 시간적 여유를 가지고 여러 날에 걸쳐서 시도하는 것이 좋다. 그리고 나이프만으로는 거의 불가능하다. 달인도 손도끼가 없었다면 절대 시도하지 않았을 것이다.

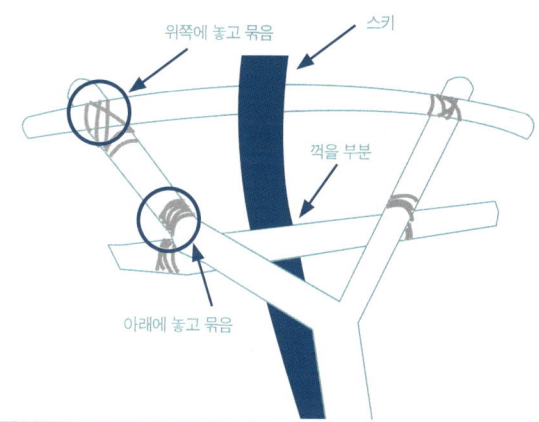

09 앞쪽을 구부리는 기술이 중요하다. 스키의 앞부분을 휘어주지 않으면 눈 속에 꽂히게 되어 되려 넘어지기 쉽다. 휠 부분을 불에 가열하여 나무 섬유질을 부드럽게 만든다. 그후 Y자 막대를 구하고, 두 개의 나뭇가지를 이용해 휘는 도구를 만들어 스키의 앞쪽을 꺾고 열이 식을 때까지 버틴다. 이때 가로로 엮은 가지 2개의 위치가 중요하다. 위쪽 긴 나뭇가지는 Y자 막대 위로, 아래쪽 짧은 나뭇가지는 Y자 막대 아래에 묶어야 한다. 순서가 바뀌면 안 된다. 그래야 힘점이 꺾을 부분에 위치하여 스키를 위로 꺾을 때 누른다. 즉, 아래쪽 나뭇가지는 스키가 휘어져야 할 부분을 눌러 지탱하고, 위쪽 나뭇가지는 나무판을 위로 꺾어주는 역할을 해 쉽게 휠 수 있다. 두 나뭇가지의 공간이 좁을수록 더 많은 각도로 꺾을 수 있다.

이 방법은 스키뿐만 아니라 활을 만들거나 나무를 원하는 각도로 휠 때도 사용하는 기술이다.

부력도구 만드는 법 1: 페트병

부력도구를 만드는 방법은 다양하다. 그 중에 가장 간단하고 부력이 강하면서, 손쉽게 얻을 수 있는 페트병과 비닐봉지를 활용한 방법을 소개한다.

페트병은 일상에서 뿐만 아니라 한국의 무인도에서조차 생각보다 쉽게 얻을 수 있다. 떠내려온 쓰레기 속에는 꼭 페트병이 있을 가능성이 높다. 페트병은 부력도구 뿐만 아니라 정수 도구, 물 끓이는 도구, 낚시찌, 수통, 그릇, 통발 등 활용도가 너무 커서 눈에 보이면 무조건 주워야 한다.

01 1.5m 정도의 끈과 페트병 2개가 필요하다. 페트병 2개면 성인 1명(약 70kg) 정도는 충분히 띄운다.

02 한쪽 팔 끝에서부터 자신의 가슴까지 정도의 길이로 자른다.

03 줄 끝을 올가미 매듭으로 페트병 입구 아래에 매듭을 짓는다.

04 양 끝이 옭가미 매듭으로 견고히 페트병에 묶인다. 옭가미 매듭의 특성상 체중으로 누를수록 페트병에 더 견고히 묶여 풀릴 염려가 없다.

05 겨드랑이 아래에 낀다. 의식이 없더라도 머리를 수면으로 올려주게 되어 익사위험이 낮고, 파도가 치더라도 겨드랑이를 벌리지 않는 이상 몸에서 이탈하지 않는다. 양손을 자유자재로 사용할 수 있어 손을 흔들어 구조요청도 가능하고, 헤엄도 칠 수 있다.

06 페트병 입구가 겨드랑이에 끼이는 길이가 가장 좋다. 길면 몸을 바짝 잡아 올려주지 못하고 얼굴을 가리게 된다. 제대로 된 페트병의 부력을 얻기 위해 몸이 더 가라앉아야 하기 때문에, 그만큼 시야 확보도 어렵고 물속에 많이 잠기게 된다. 그래서 한 손 끝에서 가슴까지 줄 길이를 맞춘다.

07 페트병이 여유 있다면 앞서 배운 매듭법을 이용하여 연결할 수 있다. 당연히 부력을 더 많이 확보하여 짐도 운반할 수 있다.

부력도구 만드는 법 2: 비닐봉지

페트병과 달리 비닐봉지는 내부를 채운 후 밀봉하는 것이 관건이다. 풍선처럼 입으로 공기를 주입하고 매듭으로 밀봉해도 문제는 없다. 「생존의 달인 1편」이나 TV조선, 「생존의 기술」을 보면 그것만으로도 충분히 부력이 유지되는 것을 알 수 있다. 밀봉한 부분만 아래로 향하게 하면 공기는 반대쪽으로 이동하게 되어 부력손실 없이 이동할 수 있다. 그러나 이동 중 과격한 움직임이나 압력때문에 밀봉된 틈 사이로 공기가 빠지는 경우도 있다.

01 공기 자체만으로 밀봉에 자신 없다면 봉지 안에 나뭇잎이나 풀을 넣어 밀봉한다.

02 내부를 가득 채우면 압력에 의해 비닐봉지가 축소될 염려도 없고, 나뭇잎과 풀이 차지한 부피만큼 공기가 확보될 뿐만 아니라 나뭇잎과 풀 자체의 미미한 부력도 플러스알파가 된다. 그리고 내부를 채우면 밀봉하기 편하다. 입구 부분을 잘 묶고, 올가미 매듭을 조이면 끝이다.

달인의 팁:

이 원리를 잘 활용하면 웬만한 방수 재질은 부력도구로 활용할 수 있다. 우리가 흔히 쓰는 방수팩이 대표적이다. 피서철에 가지고 다니는 15리터 소형 방수팩은 소개한 두 방법에 비하면 엄청난 부력을 가진다. 누군가 물에 빠졌을 때, 방수팩에 옷가지 등을 넣어 무게를 늘린 후 입구를 닫고 던지면 훌륭한 임시 구명 도구가 된다. 1.5~2리터 페트병 2개가 성인 한 명을 띄우는 부력을 가졌는데, 5배 가까운 용량을 가진 방수팩의 부력이 얼마나 클지 상상해보라. 다만 바람만 넣으면 멀리 가지 않으니 꼭 옷가지나 수건을 넣어 무게를 늘려 던져야 원하는 곳 근처로 던질 수 있다. 놀이용 튜브는 던지기 어렵지만, 방수팩 손잡이에 줄을 연결하여 던지면 10m 이내는 대부분 가능하다.

삼각 고정 말뚝 만드는 법

강을 건너거나 얼음 위를 지나갈 때 내 몸에 줄을 연결할 견고한 나무가 있다면 안심이 된다. 힘들면 줄을 잡고 되돌아가면 된다. 내가 먼저 건넌 후 다른 사람이 줄을 잡고 올 수 있게 견고하게 연결해야 한다. 이때 줄을 고정해줄 위치에 나무나 바위가 없다면 직접 말뚝을 만들어 고정해야 한다. 말뚝 하나의 불안함을 보완하는 방법이다. 텐트나 타프가 바람에 뽑히지 않게 강하게 고정할 때도 이 방법을 사용하면 좋다.

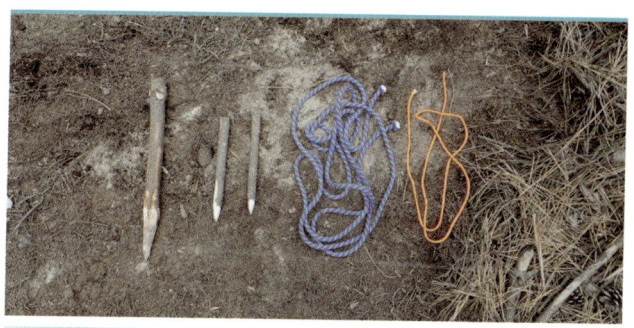

01 큰 말뚝 1개, 작은 말뚝 2개, 로프, 파라코드를 준비한다.

02 견인줄과 큰 말뚝을 마린 스파이크 매듭(72쪽)으로 연결하고 땅에 고정한다.

03 파라코드를 이용하여 뗏목 매듭에서 사용한 클로브 히치 고리를 만든 후크 말뚝에 건다. 클로브 히치의 특성상 잡아당기는 힘이 강할수록 더 조여든다.

04 파라코드 끝에 작은 말뚝을 마린 스파이크 매듭으로 팽팽하게 땅에 고정한다. 큰 말뚝과 작은 말뚝은 삼각형이 되어야 힘의 배분이 좋다. 말뚝의 기울기는 당겨지는 방향과 반대로 기울 정도면 된다. 작은 말뚝 대신, 돌이나 주변 작은 나무에 연결해도 좋다.

05 지지점 세 군데가 서로 힘을 나누어 감당하여 쉽게 빠지지 않는다. 특히 큰 말뚝이 당겨지는 방향으로 꺾이지 않게 작은 말뚝들이 잡아주기 때문에, 한 개로만 고정할 때보다 더 견고하고, 당기는 힘을 나누어 버텨주기 때문에 더 안전하다.

아웃도어 응급처치법

09

생존 상황에서 상처 및 부상관리는 장기 생존을 위해 중요한 요소이다. 특히 출혈을 동반한 상처는 쇼크가 오는 경우가 있다. 달인도 손가락이 돌에 찍혀 살이 터지고 찢어졌을 때 이를 경험한 적이 있는데, 어지럽고 메스껍고 온몸에 힘이 빠졌다. 어찌 보면 작은 상처로 여길 수 있는 부상도 이런 쇼크 증상을 동반할 수 있다. 평소에 이런 증상이 있었던 사람은 아웃도어에 나가기 전에 응급처치약을 일 순위로 챙겨야 한다. 타인이 그런 쇼크 증상을 보인다면 신속히 응급처치를 해주고 119에 신고한 후 구조될 때까지 안정시키는 것밖에 방법이 없다.

상처와 부상 및 사고가 발생할 때 빠른 대응에 필요한 몇 가지 기술을 소개한다.

생존의 달인
한마디,

"내가 겪은 생존 상황은
모두 내가 한가지 이상의
안전수칙을 무시했고,
가지 말아야 할 곳에 갔고,
만지지 말아야 할 것을 만졌고,
하지 말아야 할 행동을
했기 때문이다"

작은 상처 소독하는 법

우리나라에서 쉽게 구할 수 있는 소독약은 쑥이다. 국내에 자생하는 쑥의 종류는 30여 가지가 넘는다고 하며 찾기도 매우 쉽다. 잎이 뾰족하고, 뒷면이 희며, 특유의 냄새로 쉽게 구별할 수 있다.

01 잎만 뜯어서 액이 나올 때까지 비빈다. 처음에는 뻑뻑하다가 좀 더 비비면 순식간에 진액이 배어 나온다. 진액을 상처 부위에 바르면 1차적인 소독이 된다. 쑥을 태울 때 나는 연기는 해충도 쫓을 수 있다.

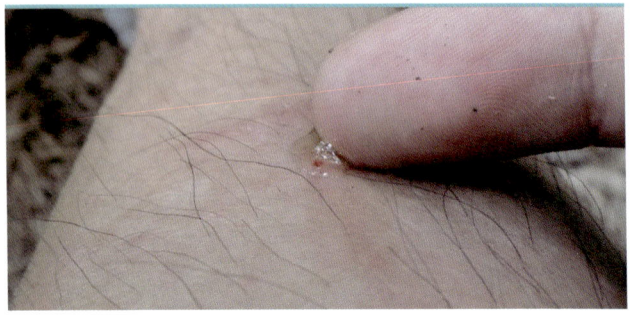

02 맑은 송진도 상처에 바르면 소독 및 새살이 빠르게 돋아날 수 있게 돕는다. 달인의 경험으로는 진득한 송진의 특성 때문에 지혈 및 상처보호 효과도 있었다.

천연 소염진통제 버드나무 껍질

동서양 가릴 것 없이 열이나 통증이 생길 때 버드나무 껍질을 끓여 마셨다. 버드나무 껍질의 주요 성분인 살리실산(Salicylic acid)을 추출하여 만들어 낸 약품이 우리가 사용하는 아스피린이다. 게다가 최고의 버드나무껍질로 꼽는 생산지가 한국의 수양버들이니 효능은 더 얘기할 필요가 없다. 이순신 장군께서도 무과시험 중 말에서 떨어지신 후 버드나무 껍질로 다친 다리를 싸매고 다시 시험에 응하셨을 정도로 껍질 그 자체로도 통증 완화에 효과가 있다.

01 버드나무는 우리나라 전역에서 쉽게 구할 수 있고, 껍질도 잘 벗겨진다.

02 껍질 한 주먹과 물 한 컵 정도를 10~15분 정도 우려내 마시면 된다. 맛은 상당히 쓰다. 먹는 사람의 체질에 따라 복통이나 설사가 있을 수 있지만, 진통 효과에 대해 의심할 필요없는 천연 소염진통제이다.

식용버섯과 독버섯

어떤 식물이건 정확히 알지 못하는 풀과 버섯은 절대 먹지 않는다. 독버섯은 화려하고, 냄새가 나며, 세로로 잘 찢어지지 않고, 곤충이 먹지 않는다고 알려졌지만, 실제 독우산광대버섯의 경우 흰색이고 냄새도 나지 않고 먹음직스럽다. 독버섯의 독은 열을 가해도 없어지지 않기 때문에, 끓이거나 볶아 요리해도 위험하다.

2013년 강원도에서 수십 년 약초꾼 활동을 하신 심마니 3명이 정선에서 따온 버섯으로 반찬을 하여 드신 후 세 분 모두 독에 중독되어 병원에 실려갔으며, 나눠드신 이웃 할머니는 사망한 사건이 있었다. 새송이버섯과 유사한 독버섯이라고 하는데 지금도 알 길이 없다.

그만큼 식용버섯과 독버섯을 구분하는 것은 전문가라 불릴 만큼의 약초꾼들도 헷갈리기 쉽다는 얘기다. 따라서 정확히 구분할 수 있는 몇 가지 버섯을 제외하고는 모두 독버섯이라 생각하고 먹지 않는 것이 생존 기술이다.

달인에게는 몇 가지 식용버섯(표고버섯, 팽나무버섯, 송이버섯, 싸리버섯, 느타리버섯, 노루궁뎅이버섯 등)과 몇 가지 약용버섯(영지버섯, 잔나비걸상버섯, 말굽버섯, 상황버섯, 차가버섯 등)을 제외하면 다 독버섯이다. 이외 구분하기 힘든 버섯은 쳐다보지도 않는다. 아는 것이라도 헷갈리면 독버섯이다.

생각해보자. 버섯 몇 개 먹는다고 생존 상황이 엄청나게 좋아지지는 않는다. 그러나 잘못 먹는 순간 상황은 끝난다.

벌에 쏘였을 때

벌집을 보면 당연히 피하는 게 좋다. 의도치 않게 건드렸을 경우 번개같이 도망쳐야 한다. 배낭이고 뭐고 도망가는 데 거추장스러운 것은 다 내팽개치고 바람같이 달려야 한다. 달인은 그렇게 해서 용케 피했다. 산길 50m를 순식간에 날아간 것 같다.

이미 쏘였다면 쏘인 부위를 자극하면 안 된다. 침이 꽂혀 있을 때는 카드나 나뭇조각을 이용해 긁어낸다. 그나마 침이 보인다면 다행이다. 그건 꿀벌일 가능성이 높다. 말벌 종류는 침이 살에 박히지 않고 여러 번 쏠 수 있다. 통증과 독으로 인한 쇼크로 사망할 수 있을 정도다. 말벌의 독은 꿀벌보다 수십 배 강하다. 달인은 말벌에 쏘인 부위가 순식간에 끓어버리는 것을 보고 기겁했다.

약국에서 항히스타민 연고나 알약을 비상용으로 챙기면 좋다. 준비되지 않았다면 꿀벌에 쏘였을 경우, 오줌으로 중화한다. 오줌 속에 포함된 염기성 암모니아 성분이 산성의 꿀벌 독을 중화한다. 단, 말벌에 쏘였을 때는 절대 오줌을 바르지 않는다. 말벌의 독은 염기성이라 오줌과 암모니아는 상황을 오히려 악화시킨다. 식초와 같은 산성을 가진 액체를 사용해야 한다.

이래저래 말벌에는 쏘이지 않는 것이 최상의 생존 기술이다.

해파리에 쏘였을 때

달인은 남해에서 해파리 쏘여 응급실로 실려가 사투한 경험이 있다. 우리나라 삼해 어느 곳에도 해파리는 존재하며 크기와 상관없이 독성이 상당하다는 것을 몸소 체험했다. 일단 따갑고 매우 쓰리며 피부는 채찍으로 맞은 듯 길게 난 상처가 보인다.

일반적인 응급처치 방법은 바닷물로 계속 헹궈 독세포를 자극하지 않는 것이다. 해파리가 바다에 살아서 촉수가 바닷물에는 반응하지 않는다. 벌침과 달리 딱딱하지 않고, 흐물흐물한 촉수여서 손으로 뽑아낼 수 없다. 오히려 손으로 긁었다가는 세포를 자극하여 독을 더 뿜어내게 한다. 따라서 카드나 칼등, 조개껍데기를 이용하여 쏘인 반대방향으로 긁어낸다. 빵만들 때 쓰는 베이킹소다나 파우더, 또는 밀가루가 있다면 반죽으로 버무려 환부에 발라주고 긁어내면 통증도 완화하고 좀 더 쉽게 제거할 수 있다. 알코올이나 식수, 오줌, 된장 등을 발랐다가는 오히려 독세포를 더 자극할 수 있기 때문에 검증되지 않은 민간 요법은 시도하지 않는 것이 좋다. 환자는 어떤 종류의 해파리에 쏘였는지 확인하기 어려워 어떤 독성인지 알 수도 없다. 그러니 초기 응급처치가 중요하다. 식초가 보편적이지만, 어떤 해파리는 산성독을 가지고 있어 중화는 커녕 더 자극할 수도 있다. 바닷물로 계속 헹궈주며 무조건 119로 연락해야 한다.

달인은 낭심과 사타구니 주변에 쏘였는데 30분이 지나자 마비 증상과 호흡 곤란으로 응급실에 실려갔다. 식초와 따뜻한 물을 번갈아 바르며 기도 확장 주사 및 해독 주사를 매우 다양하게 맞았던 기억이 난다. 당시 식초를 바를 때는 따가웠고 따뜻한 물을 부을 때는 확실히 통증이 완화되었다. 철저히 개인의 느낌이다. 정말 운이 좋아서 살아난 것이다. 응급처치 중 뭔가 하나가 맞아 떨어져 해독된 것이다.

병원에서 나와 같은 증상으로 응급실을 찾은 환자가 아무도 없었다고 하여 더 긴장될 수밖에 없었다. 예방이 최고의 생존 기술이다.

아이들에게는 긴 수영복이나 래쉬가드를 꼭 입혀서 물에 들여 보내야 한다. 어른도 마찬가지다. 이렇게까지 조심했는데 이제는 노출된 얼굴 부위에 쏘여서 고생하기도 했다. 결국 해파리 예방 얼굴 후드까지 구매해야만 했다.

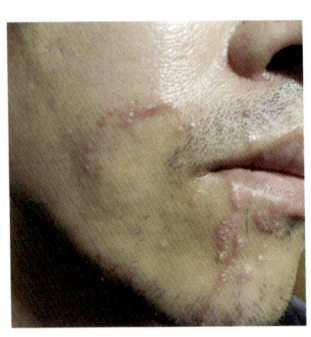

가을, 동해에서 해파리에 쏘인 상처, 결국 흉터가 남았다.

뱀에게 물렸을 때

독사에게 물리면 눈으로 식별 가능한 상처가 2개 생기고, 상처에서 피가 흐른다. 독사가 아닌 경우는 타원형의 자잘한 상처들이 생긴다. 달인은 독사에는 안 물렸지만, 독 없는 뱀에는 물려봤다. 그냥 따가운 정도였고, 특별한 치료를 하지 않았다. 그러나 독 없는 뱀도 물린 부위에 뱀 이빨의 세균이나 박테리아가 있을 수 있어 위험하니 소독 정도는 꼭 하면 좋다.

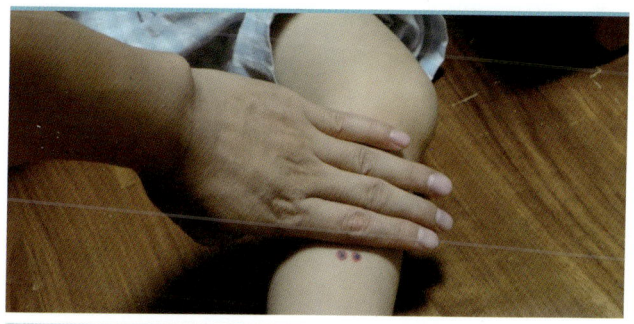

01 일단 두 개의 구멍이 보이면 상처 위쪽에 손가락 4개를댄 부분을 묶는다. 통상 상처 위 5~10cm라고 하지만, 자신의 4개 손가락을 대면 충분하다.

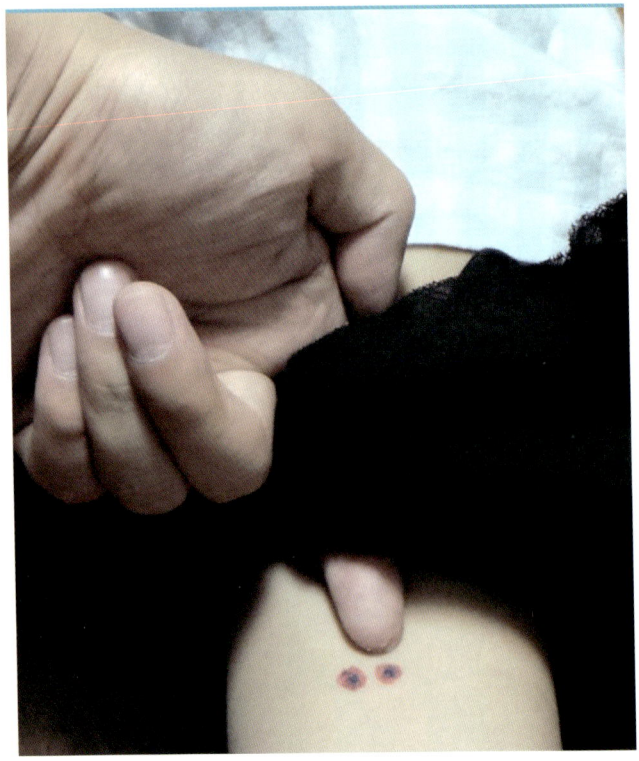

02 너무 세게 묶지 않는다. 한 번 묶고 손가락 하나가 들어갈 정도의 여유가 필요하다. 독이 심장으로 갈 것을 우려하여 너무 세게죄면 오히려 순환하지 않아 물린 부위 아래쪽이 괴사할 수도 있다. 정맥혈관만 막을 정도면 된다.

상처 부위를 입으로 빨아내는 것은 좋은 방법이 아니다. 혹시 모를 입에 있는 상처를 통해 자신도 독이 퍼질 수 있다. 효과적으로 독을 빼내는 방법을 고민하던 달인은 주사기를 생각했다. 일반주사기는 독사에 물린 이빨 자국을 커버하지 못할 만큼 입구가 작다. 영아의 콧물을 인위적으로 빨아 내주는 용품에 포함된 주사기가 입구가 넓어 물린 상처를 충분히 커버할 정도였다. 약국에서 판매하고 있으며, 이것을 챙겨다닌다. 확실히 빨아당기는 힘이 강하고 내가 감염될 위험이 전혀 없다.

흥분하거나 빨리 움직이면 혈액순환이 빨라져 더 위험하다. 만약 피부가 묶은 부위까지 검붉게 변색되면 다시 그 지점에서 더 위쪽으로 묶어 독이 퍼지는 것을 막는다.

뱀은 신체구조 특징상 성인의 무릎 이상을 물기 어렵다. 평지를 기준으로 무릎 아래, 특히 종아리나 발등에 대부분 물린다. 따라서 두꺼운 신발과 각반(스페츠)만 착용하더라도 예방 할 수 있다. 때로는 이동 지역을 긴 막대기로 쳐가며 소리를 내는 것도 좋은 방법이다. 쉬고 싶은 마음에 그냥, 특히 풀숲에 함부로 앉으면 안 된다. 반드시 쉴 곳 주변을 막대로 쳐서 안전을 확인해야 한다. 뱀의 접근을 예방하기 위해 백반을 뿌리는 데, 달인은 전혀 효과를 보지 못했다. 백반 테두리를 뚫고 유유히 텐트 입구 쪽으로 이동하던 뱀의 실루엣을 지금도 잊을 수 없다. 확실한 건 뱀이 기름 냄새를 싫어한다.

일사병, 열사병에 걸렸을 때

일사병과 열사병은 증세가 비슷하다. 군대에 있을 때 자주 봤으며, 실제로 일사병에 걸린 적도 있다. 지독한 두통이 가장 기억에 남고, 두통과 무기력함, 메스꺼움, 구토 등을 동반한다.

달인이 관찰한 바로는 일사병은 땀을 많이 흘리고 얼굴이 창백해진 반면, 열사병은 온몸이 불덩이처럼 벌겋게 달아오르고 땀이 나지 않았다. 특히 열사병은 뜨거운 태양 뿐만 아니라, 주변 온도가 내 체온보다 높은 곳에서도 발생한다. 일사병보다 열사병이 더 무섭다. 일사병이든 열사병이든 응급처치는 비슷하니 빠른 조처가 필요하다.

1. 일단 어지럽고 몸이 뜨겁다고 생각되면 무조건 그늘로 이동하고,
2. 신발, 허리띠, 몸을 죄고 있는 어떤 옷이나 부속물도 완전히 풀어헤친다.
3. 물을 적신 수건이나 천으로 목과 겨드랑이, 사타구니 사이를 닦으면 좋다.
4. 쉬며 물과 소금을 먹는다. 게토레이 같은 전해질보충 음료가 있다면 그만이다.

달인은 정글에서 일사병 증세를 느끼자 훌떡 벗고 야자나무 그늘에서 뻗었다. 육중한 카메라맨 분께 염치없이 야자 좀 따달라고 부탁하여 수분을 섭취하고 30분 정도 안정을 취하니 기력을 회복했다. 체온을 낮추고, 부족한 수분과염분을 보충하며 안정을 취하는 것이 훌륭한 응급처치가 된다.

결국 예방이 최선이다. 더운 날씨에 아웃도어 활동을 하면, 충분한 물과 소금을 챙기고, 중간중간 여유 있게 쉬어주는 것이 좋다. 약간의 전조증상이 보이면 무리하지 말고 쉬어야 한다. 그것이 오랫동안 살아남는 기술이다.

벼락이 칠 때

벼락이 땅으로 내리치는 현상을 낙뢰라고 한다. 벼락이 치면 큰 나무를 피하고, 숲 속으로 들어가거나 동굴 속에서 몸을 피하는 게 좋다. 최대한 주변 지형보다 자세를 낮춘다. 어떤 벼락이 땅으로 떨어질 지 모르기 때문이다. 바닥에 눕지는 않는다. 바닥이 젖었을 경우 주변에 떨어진 벼락에 감전될 수 있는 접촉면이 넓어지게 되어 위험하다. 등산스틱이나 막대기를 높이 드는 것은 매우 위험하며, 직접 벼락을 맞지 않더라도젖은 바닥에 신체가 접지될 경우 감전될 수 있다. 2007년 7월 29일 북한산과 수락산 일대에서 낙뢰사고로 5명이 숨지고 10여 명이 크게 다친 사례가 있다.

봉우리에 맞은 벼락이 젖은 바위 면과 쇠줄 로프를 타고 내려와 등산객들을 감전시킨 것으로 드러났다. 텐트 속에 있는 것도 위험하다. 평지에 있는 텐트의 폴대가 피뢰침 역할을 할 수 있다. 따라서 텐트 밖으로 나와 안전한 곳으로 피신하는 것이 좋다.

01 급할 때는 몸에 있는 금속성 물질을 제거하고 쭈그리고 앉는 자세가 벼락을 피하는 데 도움이 된다. 가방이 있다면 엉덩이에 깔고 앉아 바닥으로부터 절연 효과를 얻을 수 있다. 축구경기장과 같은 평지에 벼락이 떨어져 사망한 사례가 있을 만큼 천둥 번개 치는 날씨에는 야외활동을 자제하는 것이 좋다.

발목이 삐었을 때: 삼각건 매듭

달인은 삼각건을 항상 휴대하거나 머리에 두른다. 머리보호도 되고 정수 필터 역할도 한다. 그리고 상처를 싸매거나 지혈대로 사용할 수 있고, 차클로스를 만들 수도 있다. 천조각 하나가 생존 상황에서는 매우 유용한 도구가 된다.

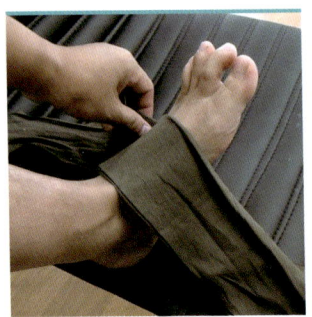

01 삼각건을 길게 접어 발등 위에 올려놓는다.

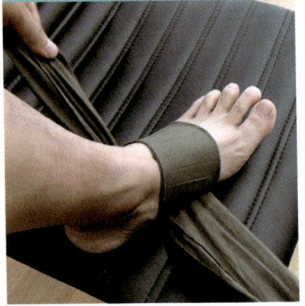

02 발등은 감싼 채로 발바닥에서 서로 교차한다.

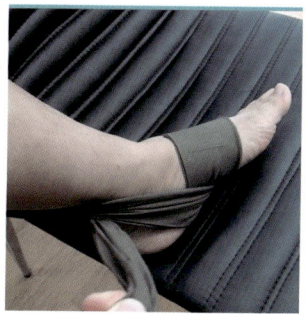

03 발뒤꿈치에서 서로 교차한다.

04 발목을 감으며 팽팽하게 잡아당긴다. 다시 교차시킨다.

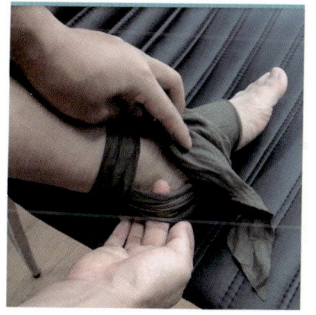

05 발꿈치를 가로지르는 천 속으로 잡아넣어 빼낸다.

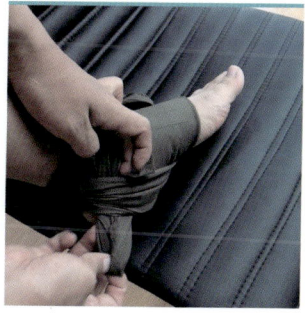

06 안쪽으로 집어넣는다.

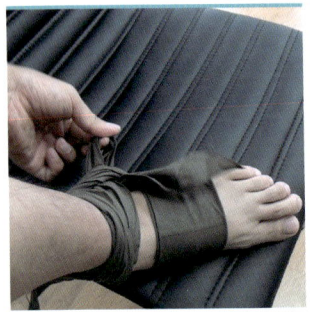

07 바깥쪽도 같은 방법으로 잡아 빼낸다.

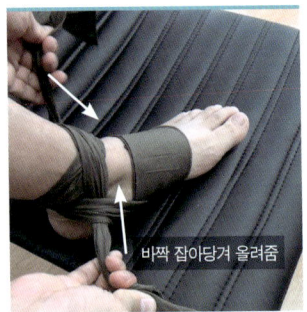

바짝 잡아당겨 올려줌

08 팽팽하게 잡아당긴 후 맞매듭 처리한다.

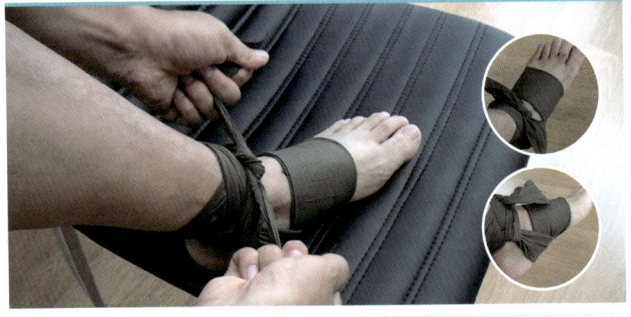

응급 들것 및 침대 만드는 법 1: 긴팔 옷

01 긴팔 옷 2장이면 쉽게 들것 또는 침대를 만들 수 있다.

02 긴 팔 소매를 옷 안으로 넣어준다.

03 옷의 목 부분이 서로 마주 보게 한 상태에서 옷 소매 사이로 나무를 통과한다.

04 서로 마주 보게 하면 가장자리가 반듯해져서 처지지 않고 머리부분을 잘 받치게 된다.
2벌로 짧을 경우 옷 하나를 더 연결하고 A프레임에 얹으면 훌륭한 침대가 된다.

응급 들것 및 침대 만드는 법 2: 판쵸우의

01 직사각형의 판쵸우의나 타프, 담요로 별도의 매듭 없이 들것과 침대를 만들 수 있다.

02 1/3지점에 긴 나무를 놓는다.

03 나무를 감싸며 안으로 접는다.

04 끝에서 10cm 정도 여유를 두고 나머지 긴 나무를 얹는다. 여유분을 반드시 확보해야 한다. 그렇지 않으면 체중을 실었을 때 풀린다.

05 왼쪽에 남은 천으로 완전히 접는다.

06 완성한 침대이다. 앞에 소개한 A프레임 쉘터를 응용한 판쵸우의 침대는 이렇게 만들어진다. 별도의 매듭이 없지만 두 나무를 감싼 천이 체중에 의해 더 견고히 잠겨지니 좀 처지더라도 괜찮다. 자연스러운 현상이다.

심폐소생술

유일하게 남을 살리는 기술이다. 4321만 기억한다.

4 : 4분. 4분 이내에 실시해야 후유증 없이 살릴 확률이 높다.
3 : 30번 흉부 압박
2 : 2회의 인공호흡
1 : 한 번 상태확인

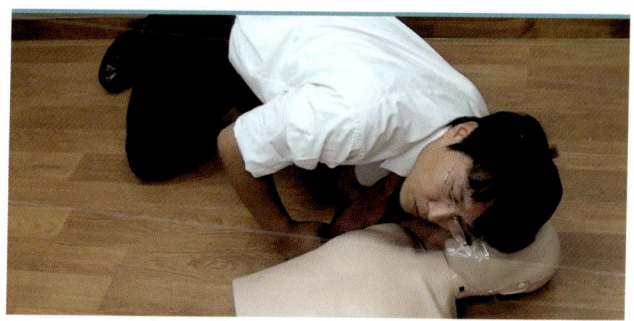

01 일단, 의식이 있는지 확인한다. '보고-듣고-느끼고' : 숨은 쉬는지 의식은 있는지 본다. 눈으로 힘들면 귀를 대고 숨소리를 들어본다. 맥박도 만져보고 볼에 얼굴을 대고 체온이 있는지 직접 느껴본다. 상태가 불안하면 주변 사람에게 도움을 청하고 무조건 구조요청을 먼저 한다.

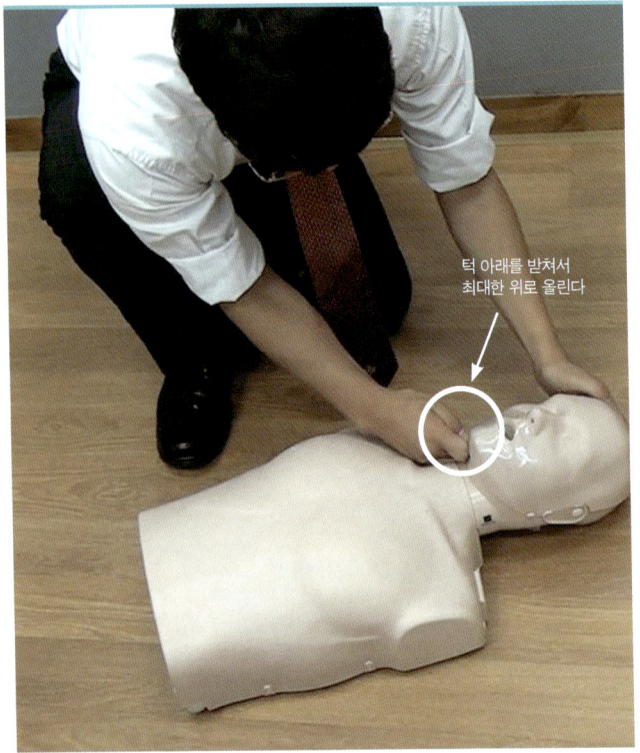

턱 아래를 받쳐서 최대한 위로 올린다

02 기도를 확보한다. 의식이 없는 사람은 목근육이 풀어지며 혀가 뒤로 말려 들어가 기도를 막을 수 있다. 혀를 잡아당겨도 되지만, 턱을 위로 젖히면 기본적인 기도가 확보된다. 입안에 이물질이나 구토한 흔적이 있으면 손가락을 집어 넣어 빼낸다. 수상에서 사고가 발생하면, 입에 거품이 올라오거나 구토물이 있을 수 있다.

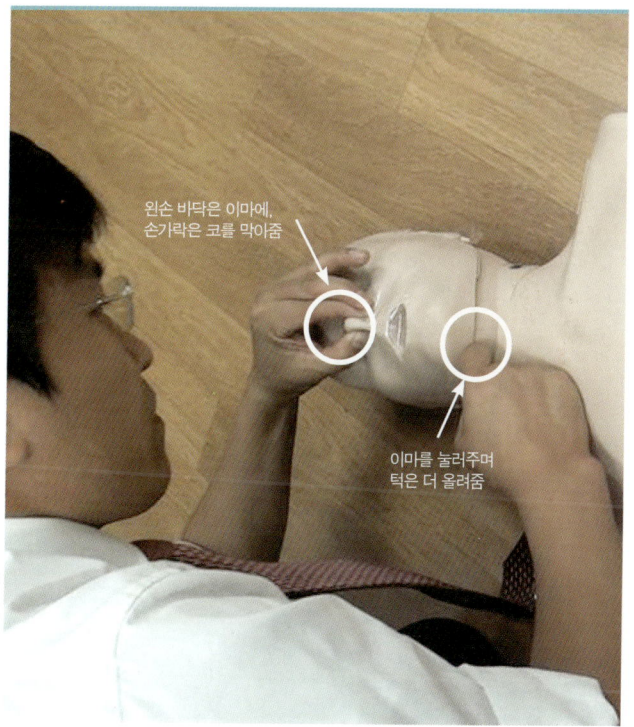

왼손 바닥은 이마에, 손가락은 코를 막아줌

이마를 눌러주며 턱은 더 올려줌

03 인공호흡을 2회 실시한다. 우리가 내뱉는 날숨에는 폐가 다 사용하지 못한 산소가 이산화탄소보다 많다. 그래서 인공호흡으로 충분히 산소를 공급할 수 있다. 성인이 내뱉는 날숨의 양은 통상 500cc이며, 이보다 좀 더 불어넣으면 된다. 너무 빠르고 강하게 불지 말고, 1~2초 정도의 시간을 가지고 일정하게 분다. 이때 시선은 환자의 폐 부분을 본다, 공기가 잘 들어간다면 가슴이 약간 부풀어오르는 게 보인다.

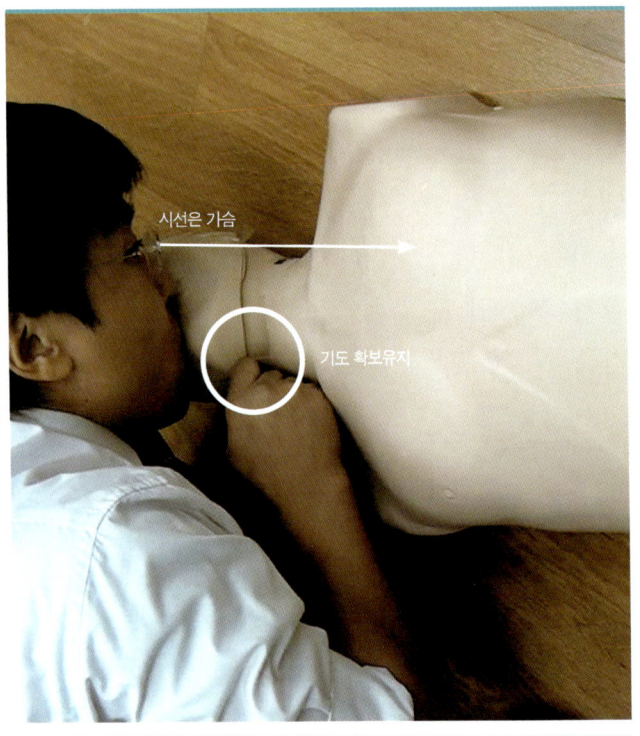

1~2초간 일정하게 불어넣는다.

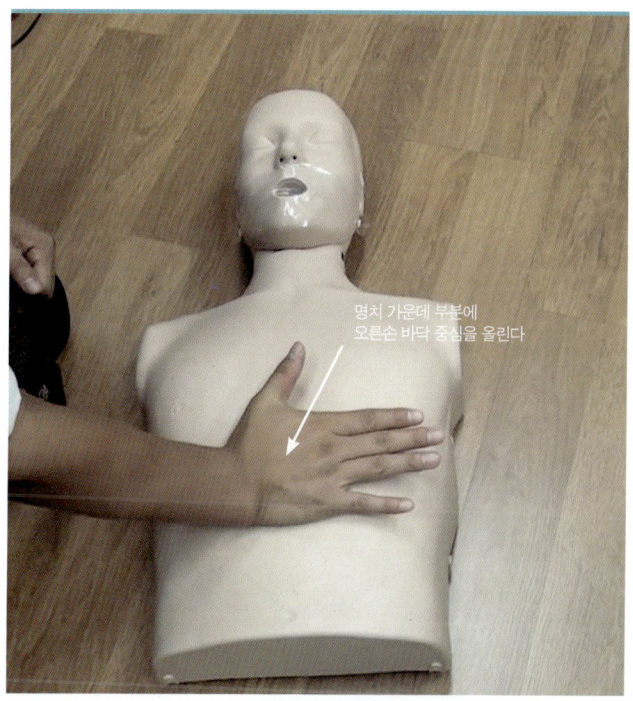

명치 가운데 부분에
오른손 바닥 중심을 올린다

04 흉부 압박을 30회 실시한다. 인공호흡을 2회 실시했지만 반응이 없다면, 흉부압박을 한다. 깊이는 5~6cm 정도, 속도는 분당 100~120회가 좋다. 1초에 2번 정도로 생각하면 된다. 누르는 위치가 중요하다. 일반적으로 양쪽 유두를 연결하는 가운데 지점이다. 문제는 유두의 위치가 사람마다 다를 뿐더러, 확인하려고 옷을 벗길 시간도 아깝고, 대상에 따라 난감할 수 있다. 달인은 명치에 오른손 바닥을 대고, 왼손 바닥을 옆에 가져다 대는 방법을 쓴다.

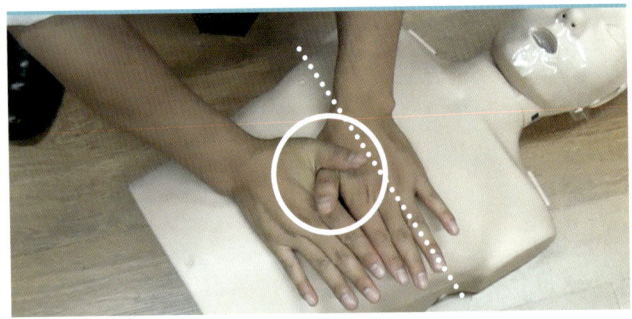

오른손 바닥 옆에 왼손바닥을 붙인 후 엄지를 교차한다. 그러면 통상 손바닥 중심이 양쪽 유두 사이에 자연스레 위치한다.

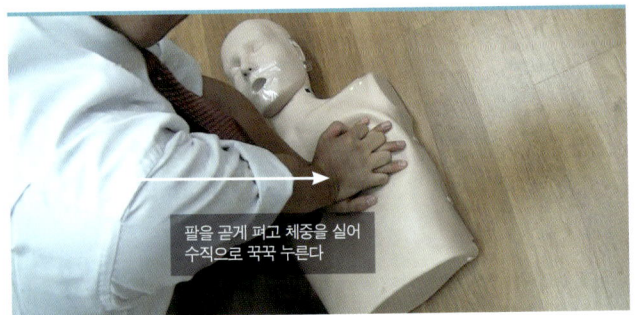

팔을 곧게 펴고 체중을 실어 수직으로 꾹꾹 누른다

왼손 바닥 위에 오른손 바닥을 포개고 깍지를 낀다. 양 팔꿈치는 곧게 펴서 수직을 유지하고, 팔힘이 아닌 체중으로 누른다.

생각보다 깊이 꾹꾹 눌러야 한다. 5cm는 결코 낮은 깊이가 아니다. 흉부 압박은 멈춘 심장을 쥐어짜서 강제로 피를 순환시키는 방법이기 때문에, 깔짝깔짝 누르면 심장에서 피를 순환할 압력이 나오지 않는다. 물론 갈비뼈가 부러질 정도로 세게 하면 안 되지만, 그만큼 압력이 필요하며 부러진 뼈가 장기를 손상하지 않는 이상 죽는 것보다는 낫다. 구조대상의 입에 인공호흡을 할 수 없는 상황이라면 흉부 압박만 지속적으로 시행해주어도 생존확률은 높아진다.

05 **다시 인공호흡을 2회 실시한다.**

06 **환자의 상태를 짧게나마 한 번 확인한다.**

07 **구조대가 올때까지 흉부압박 30회와 인공호흡 2회를 무한 반복한다.**

> ### 달인의 팁:
>
> 다른 사람을 살리는 것은 쉽지 않다. 하지만 방법을 알면 내가 살 수도 있다. 생존 기술의 궁극적인 단계는 다른 사람을 살리는 것이다. 하지만, 내가 살아야 할 수 있다. 나 스스로가 준비되지 않은 상태로 다른 사람을 살리려고 하면, 자신도 위험에 빠지고 다른 사람을 살릴 수도 없다는 것을 기억하자.

카우보이비박 김종도

저자 소개
전직 전투 헬기 조종사이며, 현재 스마트밸류 투자자문(주)에서 근무하는 투자전문가이다. 휴일에는 아웃도어 안전교육 및 재난생존 체험교육장인 '서바이벌 캠프'를 운영 중이다. 네이버 블로그 '생존의 달인 카우보이 비박'은 서바이벌 및 부시크래프트 기술을 배우려는 많은 사람들이 찾고 있다.

출연 프로그램 소개
- SBS '생활의 달인', 「생존의 달인」 및 「생존 최강 달인」 (총 9회)
- 내셔널지오그래픽 '캠핑크루', 「서바이벌 비박」
- KBS2 「굿모닝 대한민국」, 「지금은 캠핑시대」 (총 3회)
- TV 조선 「생존의 기술」 (총 5회)
- TBC '별주부전', 「생존의 법칙」

www.survivalcamp.co.kr

QR코드 사용법
QR코드 스캔 어플을 다운 받고 실행 후, 위와 같은 QR코드를 인식하면, 연결된 사이트 혹은 동영상으로 바로 이동합니다.

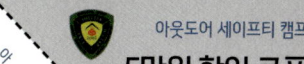

아웃도어 세이프티 캠프
5만원 할인 쿠폰

사용기간:
2014년 12월 31일까지

1인 1매 한정

재난 생존 프로그램은 김종도 달인이 직접 교육합니다.

사고는 예방될 수 있으며,
위험은 피할 수 있습니다.

생존확률을 높이기 위해 우리는 두 가지 요소가 준비되어어야 합니다.
살고자 하는 강한 의지와 안전과 관련된 아웃도어 스킬입니다.

기본 프로그램 안내
당일 워크샵 프로그램
(단체 예약 프로그램, 워크샵 프로그램 중 일부로 활용가능)

■ 프로그램 시간:
협의된 시간부터 약 5시간 진행

■ 프로그램 내용
방향탐지 및 불피우기 : 1시간
활쏘기체험 : 1시간
서바이벌게임 : 2시간
자연재료로 요리하기 : 1시간(생존식량 제공)

재난생존 체험 프로그램
(단체 예약 프로그램, 워크샵 프로그램 중 일부로 활용가능)

■ 프로그램 시간:
협의된 시간부터 약 5시간 진행

■ 프로그램 내용
재난생존 이론교육: 1시간
아웃도어 생존상황 체험: 1시간
생존필수 매듭법: 1시간
응급처치 기술 배우기: 1시간
자연재료로 요리하기: 1시간(생존식량 제공)

예약 문의 041.855.9008 / 평일 오전 10:00 ~ 오후 06:00 / 일요일은 쉽니다.
충청남도 공주시 반포면 마암리 648-3 이안숲속

생존의 달인

아웃도어 핸드북

오토 캠핑에서 무인도 생존까지

초판 1쇄 발행 2014년 03월 14일

✚ 지은이 **김종도**

✚ 펴낸이 **이동하** ✚ 편집 **윤소영** ✚ 디자인 **낭만공작소**

✚ 펴낸곳 **도서출판 새잎** ✚ 등록 2010년 1월 26일 제25100-2010-0001호

✚ 서울시 중구 서울중앙우체국 사서함 3243호

✚ 전화 0505-987-4221 ✚ 팩스 0505-987-4222 ✚ 홈페이지 www.saeib.com

ISBN 979-11-85600-00-0 10690

책값은 뒤표지에 있습니다.

잘못된 도서는 구입하신 서점에서 교환해 드립니다.